◆ 図解とQ&Aでわかる ◆

# 最新 個人情報保護法と秘密保持契約
## をめぐる法律問題とセキュリティ対策

弁護士 **千葉 博** 監修

三修社

# はじめに

　情報通信に関するサービスや技術は、日々めざましい発展を遂げています。たとえばSNS（ソーシャル・ネットワーキング・サービス）の発展により、人々は手軽に情報を発信することができるようになりました。スマートフォンなど情報通信機器の小型化とその普及に伴い、人々が扱うことのできる情報量は飛躍的に増大しています。

　その反面、個人情報や秘密情報を含む大量の情報漏えい事件がたびたび発生し、企業経営を揺るがす事態に発展したケースも存在します。そのため、企業においては、従業員等に対し、企業内の情報を適切に管理することを強く求めるようになっています。一方、大量の情報を集積して企業戦略に活用しようという動きも活発化しています。

　近年の個人情報や営業秘密を取り巻く動きを見ると、平成27年の不正競争防止法改正により「営業秘密」の保護が強化されています。さらに、平成28年1月よりマイナンバー制度の本格運用が開始され、従業員等から提供されるマイナンバーの管理が求められています。そして、平成29年5月に個人情報保護法改正（平成27年成立）が施行され、いわゆる「5000件要件」の撤廃により個人情報を取り扱うすべての事業者が個人情報保護法の適用対象になっています。

　本書では、これら新制度に関する解説を随時盛り込みました。その上で、個人情報保護法を中心に、マイナンバー法や秘密保持契約の全体像をわかりやすく解説しているのが特長です。個人情報保護法やマイナンバー法では、平成29年5月に個人情報保護委員会が公表した「ガイドライン」をフォローして、関心の高い安全管理措置、第三者提供、匿名加工情報の解説を充実させました。秘密保持契約に関しては、関連性の高い不正競争防止法上の営業秘密にも言及しています。

　本書を通じて、企業の個人情報や機密情報に携わる方々や、個人情報保護に関心のある方々などのお役に立てれば幸いです。

監修者　弁護士　千葉　博

# Contents

## 第3章　個人情報の取扱い

## 第6章　秘密保持契約の法律知識

## 第7章　情報セキュリティ対策と書式作成

### 窓口対応のポイント

### 個人情報保護対策

## 社員の個人情報・マイナンバーの取扱い

## 秘密保持契約書を作成する手順

## 従業員との秘密保持契約の結び方

● 法令・ガイドラインの略記

| 法令など | 略記 |
|---|---|
| 個人情報の保護に関する法律 | 法<br>個人情報保護法 |
| 個人情報の保護に関する法律施行令 | 施行令 |
| 個人情報の保護に関する法律施行規則 | 施行規則 |
| 行政手続における特定の個人を<br>識別するための番号の利用等に関する法律 | マイナンバー法 |
| 個人情報の保護に関する法律についての<br>ガイドライン（通則編） | 通則ガイドライン |
| 個人情報の保護に関する法律についての<br>ガイドライン（外国にある第三者への提供編） | 外国提供ガイドライン |
| 個人情報の保護に関する法律についての<br>ガイドライン（第三者提供時の確認・記録義務編） | 確認記録ガイドライン |
| 個人情報の保護に関する法律についての<br>ガイドライン（匿名加工情報編） | 匿名加工ガイドライン |
| 特定個人情報の適正な取扱いに関する<br>ガイドライン（事業者編） | 特定ガイドライン |
| 個人情報の保護に関する法律についての<br>経済産業分野を対象とするガイドライン<br>（平成 29 年 5 月 30 日廃止） | 経済産業分野ガイドライン |

# 第1章

## 個人情報保護法の全体像

# 個人情報保護法とはどんな法律なのでしょうか。個人情報の取扱いについて改正により何が変更されるのでしょうか。

個人情報の安全を確保しつつ複数の事業者が多様な情報を活用できるようになりました。

個人情報保護法は、個人情報の適正な取扱方法を提示して、個人の権利利益を保護するために、平成15年5月に成立した法律です。たとえば、住所や氏名といった情報は、個人を特定するのに十分で重要な個人情報にあたります。そこで、これらの個人情報がみだりに流出しないように、事業者に対して採るべき管理方法を示しています。

個人情報保護法には、個人情報の定義や国・地方公共団体の責務などが規定されていますが、中心となるのは利用目的の特定や従業者の監督など、個人情報取扱事業者の義務についての規定です。そのため、「事業者の個人情報の取扱いを規制する」という意味合いが強いといえます。

平成17年4月の全面施行から10年以上が経過し、人々の生活を取り巻くIT環境は劇的な変化を遂げました。そのため、個人情報保護法が当初想定していなかったような、個人情報を含む膨大なデータのやり取りが、光ファイバ通信などの高速通信サービスを利用して瞬時に行われるようになりました。スマートフォンやタブレットなどの端末が一般に広く普及し、いつでもどこでも簡単に膨大な量の情報にアクセスすることが可能になりました。また、SNSを利用すれば、手軽に他者と交流できるため、今現在の

状況について即座に情報共有をし合うことも可能になりました。

　こうした流れの中、企業においては、膨大な量の情報（ビッグデータ）を蓄積・利活用することで、新たなビジネスを創造していくことが期待されるようになりました。同時に、以前のような情報の管理方法では、情報流出などの危険を回避できないという事態にも直面し、その対策が迫られることにもなりました。このような社会からの要請を受け、平成27年９月に改正個人情報保護法が成立し、平成29年５月30日に全面施行されました。

●改正前の問題点と改正の目的

　改正前の個人情報保護法の下では、たとえば事業者同士で顧客に関する情報を含む膨大なデータをやりとりしたり、１つの広範囲なデータに統合することが許されるかどうかが不明確でした。

　そこで、取扱いの安全性を確保しながらも、ビッグデータを複数の事業者が活用することができるようなしくみを整えることが求められるようになりました。改正された個人情報保護法の下では、ビッグデータに含まれる個人情報につき、特定の個人を識別することができない別の情報（個人情報に該当しない情報）として再構成（匿名加工）をすれば、そのビッグデータを複数の事業者で利用できるようになりました。この再構成された情報を匿名加工情報と呼びます。匿名加工情報を利活用することで、新たなビジネススタイルを生み出すことが可能になります。

　このように、個人情報・匿名加工情報などの取扱いについて、安全性を確保しながらも、多様な情報の利活用を進めていく、という２つの目的の実現をめざしています。また、法全体を通じて、個人情報などをどのように保護すべきかを明確することや、法の解釈や制度の運用に一貫性を持たせていくことなどが重要になります。

個人情報保護法の改正ポイントを教えてください。改正法とガイドラインの関係やマイナンバー法などの関連法とはどんな関係にあるのでしょうか。

保護の対象が明確になり、関連法等との制度の運用に一貫性を持たせるための改正（平成27年改正）が行われました。

　改正のポイントは、①個人情報などの用語の定義を明確にした（新たに用語も追加）こと、②個人情報の有用性を確保したこと、③個人情報の適正な流通を確保したこと、④個人情報保護委員会を新設したこと、などに分けることができます。

　氏名等の明らかに個人情報であると判断できる情報ばかりではなく、時として、個人の行動や生体に関する情項を、企業等が管理することもあります。しかし、これが個人情報として保護の対象になるのか否かが不明確であると、実際に個人情報を扱う事業者にとって大きな弊害になるために、個人情報の定義を明確化したことには大きな意義があります。具体的には、指紋認識データや顔認識データ等の個人の身体の特徴をコンピュータの用に供するために変換した文字、番号、記号等の符号（個人識別符号）や、旅券番号、運転免許証番号のような個人に割り当てられた文字、番号、記号等の符号が、個人情報の定義に追加されました。

　また、個人情報の取扱いなどについて、事業分野ごとに各省庁がガイドラインを策定して、監督するのではなく、新設された個人情報保護委員会がすべての事業分野を監督するしくみを採用したため、ガイドラインも汎用的なものに再編成されました。具体

的には、個人情報保護委員会が策定した「個人情報の保護に関する法律についてのガイドライン」が汎用的なものと位置付けられ、主に「通則編」「外国にある第三者への提供編」「第三者提供時の確認・記録義務編」「匿名加工情報編」で構成されています。一方、改正前の個人情報保護法の下で広く参照された経済産業分野ガイドラインは、平成27年改正の施行に伴い廃止されています。

　また、従来は保有する個人情報の件数が5000件を超えない小規模事業者は、個人情報保護法の適用対象から除外されていました。しかし、改正法の下では、この5000件の要件は撤廃され、原則として1件でも個人情報を保有する事業者は、個人情報取扱事業者に該当します。したがって、小規模事業者であっても、今後は個人情報取扱事業者として、個人情報の漏えいを防止するための措置等を行う義務が課せられます。これはマイナンバー法ともバランスがとれており、マイナンバー法が個人情報保護法の特別法であるという、法制度の一体的な体系が明確化されたということができます。

## ■ 主な改正事項

| | |
|---|---|
| 改正の方針 | ①一定の安全性の確保 |
| | ②情報の利活用の促進 |
| 定義の明確化 | ①生体が個人情報に含まれる旨の明記（個人識別符号） |
| | ②要配慮個人情報の新設　等 |
| 匿名加工情報に関する規定 | ①個人情報の一部を削除した情報 |
| | ②個人識別符号のすべてを削除した情報 |
| 個人情報の有用性の確保 | 取得時に明示した利用目的についての制限の緩和　等 |
| 個人情報の適正な流通の確保 | 第三者提供についての確認・記録作成規定の新設<br>個人情報データベース等提供罪の新設 |
| 個人情報保護委員会の新設 | 特定個人情報保護委員会からの改組（平成28年1月〜） |
| 5000件要件の撤廃 | 小規模事業者が個人情報保護法の適用対象になった |

**法改正によって個人情報などの用語の定義が明確化されたと言われていますが、具体的にはどのように規定されたのでしょうか。**

個人情報に個人識別符号が追加され、豊富な例示でわかりやすい規定に改められました。

　改正前は明確に定められていなかった用語について、より明確な定義が置かれた点が挙げられます。たとえば、DNA配列・指紋・静脈・虹彩などの身体の一部の特徴（生体）を「個人識別符号」という新たな用語のカテゴリーに含めて、これを単体で個人情報として取り扱うことが明記されました。また、サービス利用や書類において、対象者ごとに割り振られる符号も個人識別符号にあたり、たとえば、旅券番号やマイナンバー等が挙げられます。なお、個人情報データベース等の定義から、「利用方法から見て個人の権利利益を害するおそれが少ないものとして政令で定めるもの」を除外することも明記されました。

　その他、平成27年改正によって用語の追加も行われていますが、その中でも要配慮個人情報を新設したという点が非常に重要です。改正前の個人情報保護法は、あらゆる個人に関する情報のうち特定の個人を識別するのに足りる情報を、一律に個人情報という大きなカテゴリーの中に含めて取り扱っていました。しかし、人種・信条・病歴・犯罪歴・犯罪被害歴などについて、とくに取扱いに注意が必要である個人情報を「要配慮個人情報」という新たな用語のカテゴリーに含めて、通常の個人情報よりも慎重に取り扱うことにしました（47ページ）。

# 4 Question

個人情報にどのような措置を施すことで、その情報を様々な用途に用いて、有用性を確保できるのでしょうか。

**Answer** 個人情報を匿名加工することで、事業者はその情報をビッグデータとして幅広く活用することができます。

たとえば、個人情報に一定の匿名加工をすることによって作成された情報（匿名加工情報）については、一定の手続きを経ることにより、事業者が自由に情報を利活用できることになりました。

匿名加工情報とは、特定の個人を識別することができないように、復元することができない方法によって、個人情報に加工を施した個人に関する情報をいいます（匿名加工ガイドライン2-1）。

改正後の個人情報保護法において想定されている匿名加工の方法としては、①個人情報に含まれる記述の一部を削除すること、②個人識別符号のすべてを削除すること、の２つがあります。

また、通常の個人情報については、取得時に明示した利用目的についての制限が緩和され、利用目的の変更が改正前よりも容易にできるようになりました。この改正も、個人情報の有用性を確保することを目的としています。

さらに、認定個人情報保護団体が個人情報保護指針を作成することや、指針作成の際には個人情報保護委員会に届出をすること、個人情報保護委員会はその指針を公表することなども規定されました。このように、明確なルール作りを進めることで、安全を維持しながらも、情報の有用性を確保していくことになりました。

# 個人情報の適正な流通を確保する（トレーサビリティの確保）ために具体的に誰にどのような義務を負わせるのでしょうか。

第三者提供がなされる場合、当事者に確認、記録作成、保存義務が設けられました。

　これは、個人情報の売買を仲介する名簿業者対策のための規定です。多くの情報漏えい事件の背景には、「違法に入手した情報を名簿業者に持ち込めば、高額な利益を得ることができる」という考えが影響しています。そのため、違法な個人情報の流通の発生を防ぎ、適正な流通を確保していくことが急務とされていました。

　平成27年改正では、名簿業者を個人情報取扱業者と位置付けた上で、第三者に個人データ（個人情報データベース等に含まれる個人情報）を提供する場合には、確認や記録の作成を義務付けるなどによって、漏えい防止対策を講じました。これにより、本人から取得した個人データの流通過程を追跡することが可能になります。このことを「トレーサビリティ」の確保といいます。

　また、個人データをオプトアウトの方法で第三者に提供する場合に、その項目などを個人情報保護委員会に届け出ることや、個人情報保護委員会がその届出事項を公開することなども定められました。さらに、改正では「個人情報データベース等提供罪」も新設されました。これにより、不正な利益を図る目的で個人情報データベース等を第三者に提供したり盗用する行為は、処罰の対象になりました。今後は、不正手段による個人情報の流通や情報漏えいの発生が抑止されることができると期待されています。

**6 Question** 域外規定によると、外国の事業者が日本に在住している人の個人データを取得した場合に、いかなるルールに従う必要があるのでしょうか。

**Answer** 個人情報の利用等について本人の同意を得たり情報を保護する体制の整備が求められます。

個人情報の取扱いについても、国内だけでなくグローバル化に対応する必要があることから、平成27年改正により外国における個人情報保護法の適用に関する規定が置かれました。これを「域外規定」といいます。

まず、個人情報保護委員会の規則に従った方法である場合、または本人の同意を得ている場合などであれば、外国（個人情報保護委員会が認めた国）の企業等に対する個人データの第三者提供（外国の会社等に国内に居住している個人の個人データを提供すること）が認められることが規定されました。

次に、企業等が日本国内に在住する人に製品やサービスを提供するにあたって、外国の拠点で使用した保有個人データ（35ページ）について、本人からの開示等の請求に対応しなければならないことが規定されました。また、外国企業等が個人情報を用いて作成した匿名加工情報を用いる場合にも、個人情報保護法の規定に従うことになります。その他、利用目的の特定、データ内容の正確性の確保など、安全管理措置の義務を負うことなどが規定されています。さらに、外国における犯罪捜査等の刑事手続きのために、個人データの提供が許されるかどうかについて、外国当局への個人データの提供等に関する規定も整備されています。

 個人情報保護法もマイナンバー法も、ともに個人情報に関する法律ですが、両者はどのような関係にあるのでしょうか。

 マイナンバー法は、個人情報保護法の特別法として厳格な規定が設けられています。

　個人情報保護法もマイナンバー法も、ともに「事業者の取り扱う個人情報について規制を置く」という点では、同じ性質の法律ですので、2つの法律の改正を同時に行うことで、お互いに整合性の取れた個人情報保護制度が整備されたことになります。

　マイナンバー（個人番号）は個人情報保護法上の個人情報（個人識別符号）に該当しますので、基本的には個人情報保護法の規定が適用されます。ただ、ただし、マイナンバーはとくに重要度が高く、マイナンバー法で別途規制を置いています。そのため、「マイナンバーについては、個人情報保護法の規定が適用されるが、マイナンバー法で別途規制を置いている部分は、マイナンバー法の規定が優先して適用される」という関係になります。個人情報保護法とマイナンバー法の主な異同は以下のようになります。

・事業者の範囲

　マイナンバー法では、保有件数に関係なく、マイナンバーを内容に含む個人情報（特定個人情報）を保有する事業者は「個人番号利用事務等実施者」にあたり、マイナンバー法の適用対象になると規定されています。個人情報保護法でも、平成27年改正により、1件でも個人情報を取り扱っている事業者は「個人情報取扱事業者」に該当し、個人情報保護法の適用対象となります。

**・個人情報の範囲**

　個人情報保護法の適用対象になる個人情報とは、生存する個人が対象であり、死者に関する情報は個人情報として保護されるものではありません。これに対して、マイナンバー法では、死者のマイナンバーも「個人番号」として保護の対象に含まれます。

**・取扱いについての規定**

　個人情報保護法上に比べて、マイナンバー法においては、特定

## ■ 個人情報保護法とマイナンバー法の比較 ………………………

| | 個人情報保護法 | マイナンバー法 |
|---|---|---|
| 対象 | 個人情報を1件でも保有する事業者 | マイナンバーを含む情報を1件でも保有する事業者 |
| 範囲 | 生存する個人の個人情報 | 死者を含むすべての者のマイナンバー（個人番号） |
| 取扱い | 個人情報を保護するための規定を設けている | 個人情報保護法より厳格な規定 |
| 取得 | 利用目的の特定が必要（要配慮個人情報は本人の同意を必要とするのが原則） | 利用目的の特定<br>＋<br>本人確認の手続きが必要 |
| 提供 | 事前に本人の同意を得た場合等に第三者に提供できる | 本人の同意の有無にかかわらず第三者に提供できないのが原則 |
| 廃棄 | 利用しなくなった場合に遅滞なく消去する努力義務 | 復元できない手段で破棄する（特定ガイドラインの定めによる） |
| 安全管理 | 安全管理措置に関する規定を設けている | 個人情報保護法における安全管理措置に関する規定が適用される<br>⇒再委託の場合にも監督義務が生じる |
| 罰則 | ・個人情報保護委員会の命令に従わない場合<br>・個人情報データベース等提供罪 | ・不正手段による取得<br>・不正目的による漏えい・盗用<br>・個人情報保護委員会の命令に従わない場合 |

個人情報の取扱いに関して、厳格な規定が設けられています。

① 取得に関しては、個人情報保護法では、利用目的の特定や適正な取得を規定していますが、マイナンバー法では、さらに取得に際して本人確認という慎重な手続きを要求しています。

② 利用に関しては、個人情報保護法では、本人が事前に同意を与えることにより、利用目的の範囲を超えた利用が許されますが、マイナンバー法では、原則として目的外利用が禁止されています。

③ 事務の委託に関しては、マイナンバー法では、再委託以降のすべての段階の委託について、最初の委託者による許諾を必要とするなどの規定が置かれています。

④ 保管に関しては、個人情報保護法では、正確性の確保についての規定はありますが、マイナンバー法では、さらに法律で定めた場合以外の収集や保管を禁止する規定が置かれています。

⑤ 第三者提供に関しては、個人情報保護法では、事前に本人が同意を与えれば、原則として個人データの第三者提供が許されますが、マイナンバー法では、本人が事前に同意を与えたとしても、原則としてマイナンバーの第三者提供が禁止されています。

⑥ 廃棄（削除）に関しては、個人情報保護法では、利用しない個人データを遅滞なく廃棄する努力義務があり、マイナンバー法では、保存期間を経過した場合に、できるだけ速やかに廃棄することが要求されます（特定ガイドライン4-3-(3)）。

・**安全管理措置の比較**

個人情報保護法でもマイナンバー法でも、組織的安全管理措置、人的安全管理措置、物理的安全管理措置、技術的安全管理措置を講じることが求められていますが（通則ガイドライン8-2）、マイナンバーの管理は措置内容が厳格化されています（特定ガイドライン〈別添〉）。

# 第2章

# 個人情報の法律知識

個人情報の保護を強化するために5000件要件が撤廃されたということですが、小規模事業者にはどのような義務が課されることになるのでしょうか。

個人情報取扱事業者として安全管理措置等の漏えい防止のための義務を負います。

　改正前の個人情報保護法は、事業に用いる個人情報データベース等を構成する個人情報により識別される特定の個人の数の合計が、過去6か月以内のすべての日においても5000件を超えない事業者は、個人情報保護法の適用対象外でした。これは、小規模事業者の保護のためでした。個人情報取扱事業者は、安全管理措置や従業員等の監督など漏えい防止のためなどに多くの義務が課せられます。小規模事業者にまで、このような多くの義務を課してしまうと、小規模事業者の経営を圧迫して、廃業に陥る可能性があると考えられていたためです。

　また、個人情報保護法の当初の制定目的は、大量の個人情報が漏えいする原因である個人情報の大量の売買の規制でしたが、そこで念頭に置かれていたのは百万単位・千万単位の個人情報の売買です。そのため、小規模事業者が行う個人情報のやりとりにまで、規制を行うことは不要であると考えられていました。

● なぜ撤廃されたのか

　平成27年改正により、5000件要件は撤廃されています。主な理由としては、以下の点が挙げられます。

　まず、情報漏えいが起きた場合の影響は、事業所の大小により左右されないことが挙げられます。被害者側からすれば、その損

害の多寡は、事業所の大小ではなく漏えいした情報の内容等によるということが重視されています。

　また、わが国で個人情報という概念が浸透し、小規模事業者であっても、個人情報を取り扱うにあたり、安全管理措置等を採ることを期待しても、過度な負担にあたらなくなってきています。

　さらに、マイナンバー法とのバランスを考慮したという点が挙げられます。つまり、マイナンバー制度の下では、事業者の規模にかかわらず、1件でもマイナンバーを含む個人情報（特定個人情報）を保有する事業者は、マイナンバー法の適用の対象になっていることとのバランスをとっているのです。

　改正後の個人情報保護法が5000件要件を撤廃することにより、小規模事業者を含めて個人情報データベース等を事業において利用する者は、すべて個人情報取扱事業者に該当することになりました。個人情報データベース等とは、個人情報を含む情報の集合物であって、コンピュータ等により体系的に構成されたものを指します。ただし、以前は事業の圧迫を懸念して適用の対象外でしたので、個人情報取扱事業者に課される義務について、小規模事業者に対しては一定の緩和規定が設けられています。

### ■ 5000件要件の撤廃 ·····························

**小規模事業者** ➡ 過去6か月以内に、保有する個人情報データベース等に記録された個人情報が5000人分を超えない

→ 個人情報保護法の適用がなかった

**5000件要件の撤廃**

①情報漏えいの影響の大きさを考慮
②小規模事業者に情報管理措置を求めても
　過度な負担とまではいえない
③マイナンバー法とのバランスを考慮

 **具体的に改正個人情報保護法における「個人情報」に含まれる情報の種類として、どのようなものがあるのでしょうか。**

 従来型の個人情報の他、個人識別符号等のより明確な定義付けが行われています。

改正前の個人情報保護法上の個人情報は、「生存する個人に関する情報であって、特定の個人を識別することができるもの」と定義付けられていました。しかし、このような抽象的な定義付けでは、「個人に関係する情報であれば、どのようなものでも保護しなければならない」という心理が働いてしまい、実際に必要以上の取扱いをするとの過剰反応が行われるといった問題点が指摘されていました。そこで、平成27年改正では、個人情報の定義を見直して、「個人識別符号」「要配慮個人情報」の概念を新たに導入するなど、より明確な定義付けを行いました。なお、改正後の個人情報も死者に関する情報は含まれません。

・従来型の個人情報（特定の個人を識別できる情報）

　従来と同じく、氏名、生年月日その他の記述等（文書・図画・電子データ・音声・動作等）によって、特定の個人を識別できるものは個人情報に含まれます。

・個人識別符号型の個人情報

　上記の個人情報に加えて、①顔・指紋・DNA配列・虹彩などの身体的特徴をデジタル化した生体認識情報、②個人ごとに異なるよう定められた番号・文字などの符号であって、特定の個人を識別できるもの（マイナンバー、運転免許証番号など）が、個人

識別符号として個人情報に含まれます。

**・要配慮個人情報**

　平成27年改正により一般の個人情報よりも保護体制強化が求められる、センシティブ情報などと呼ばれる個人情報を「要配慮個人情報」として明確化しました。要配慮個人情報とは、人種・信条・社会的身分・前科・病歴・犯罪被害歴など、差別や偏見が生じないようにその取扱いにとくに配慮を要する情報を指します。

**●個人情報の利活用を促進する改正**

　平成27年改正は、顧客管理やマーケティングへの活用など、個人情報の利便性にも着目しています。たとえば、特定の個人を識別することができないように個人情報を加工した情報を「匿名加工情報」として定義し、ビッグデータとして利活用できるように規定が置かれています。匿名加工情報は、個人情報から識別性を排除した個人に関する情報であるため、個人情報に該当せず、個人情報とは明確に区別されることから、原則として自由に利活用することができます。ただし、匿名加工情報を利用するには、個人情報保護委員会の定める基準に従った加工を行うことや、作成した情報の項目を公表する必要があります。

### ■ 個人情報と匿名加工情報 ·····························

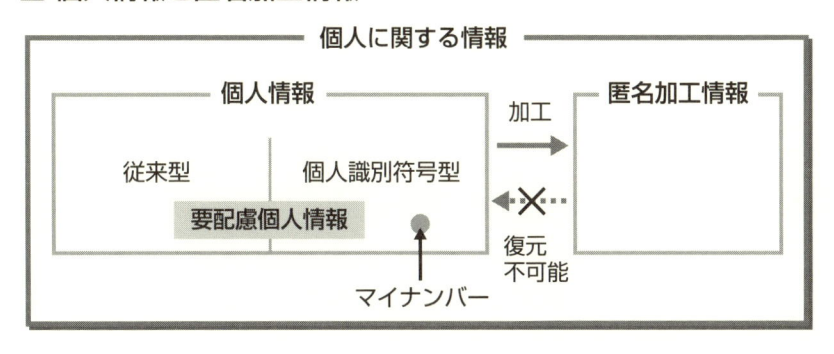

音声などの表現や個人識別符号も個人情報といえるのでしょうか。個人情報の範囲について教えてください。

音声や動作等の他、個人識別符号に該当するものは個人情報に含まれます。

　平成27年に個人情報保護法の改正が行われた背景には、これまでどのようなものが個人情報として保護の対象となるのかが不明確であったことがあります。平成27年改正によって「個人情報」の範囲がより明確なものとなりました。

　改正前の個人情報保護法では、個人情報とは「生存する個人に関する情報であって、当該情報に含まれる氏名、生年月日その他の記述等により特定の個人を識別することができるもの（他の情報と容易に照合することができ、それにより特定の個人を識別することができることとなるものを含む）」と規定されていました。

　一方、平成27年改正では、「その他の記述等」の説明が追加されました。つまり、「文書、図画若しくは電磁的記録に記載され、若しくは記録され、又は音声、動作その他の方法を用いて表された一切の事項（個人識別符号を除く）」のことです（法２条１項１号）。これにより、紙媒体に記載された情報や、ハードディスク内に記録されたデータに限られず、音声や動作などで表現された情報も個人情報に含まれることが明確になりました。

　また、平成27年改正では、「生存する個人に関する情報であって、個人識別符号が含まれるもの」についても、個人情報に含まれることが明記されました（法２条１項２号）。

特定の個人に割り振られた番号や符号は、それだけで直ちに個人情報となるわけではなく、他の情報との照合により個人情報に含まれる場合と含まれない場合があると考えられてきました。しかし、それでは番号や符号が個人情報に該当するか否かが不明確であって、その利活用に躊躇(ちゅうちょ)するとの意見がありました。

　そこで、個人識別符号に該当する番号や符号を政令（施行令または施行規則）で指定し、指定されたものは単体で個人情報として扱うものとして、個人情報の範囲を明確化させました。つまり、施行令または施行規則で個人識別付合に含むものと定めていない情報は、個人識別符号に該当しません。

## ■ 個人情報のイメージ

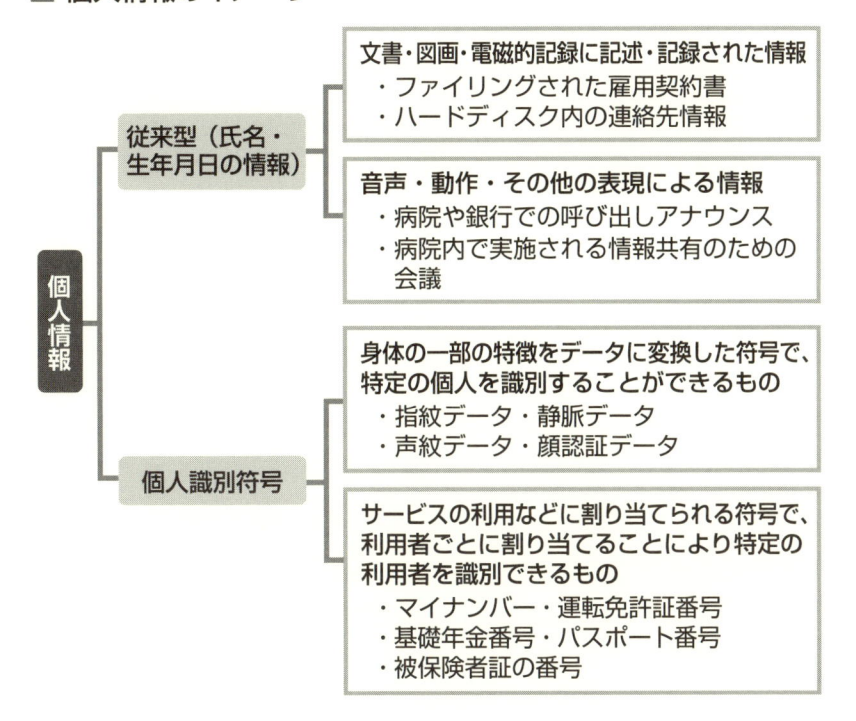

個人情報

従来型（氏名・生年月日の情報）

- 文書・図画・電磁的記録に記述・記録された情報
  - ・ファイリングされた雇用契約書
  - ・ハードディスク内の連絡先情報

- 音声・動作・その他の表現による情報
  - ・病院や銀行での呼び出しアナウンス
  - ・病院内で実施される情報共有のための会議

個人識別符号

- 身体の一部の特徴をデータに変換した符号で、特定の個人を識別することができるもの
  - ・指紋データ・静脈データ
  - ・声紋データ・顔認証データ

- サービスの利用などに割り当てられる符号で、利用者ごとに割り当てることにより特定の利用者を識別できるもの
  - ・マイナンバー・運転免許証番号
  - ・基礎年金番号・パスポート番号
  - ・被保険者証の番号

## 個人情報の定義付けに関して、法2条1項に規定されている従来型の個人情報（1号）とは、具体的にどのようなものが含まれるのでしょうか。

記述・記録された情報の他、音声等によって表現された情報が含まれます。

　改正後の個人情報保護法では、個人情報についてより明確な定義付けを行っています（法2条1項）。これによると、個人情報は従来型（1号）と個人識別符号型（2号）の2つに分類されます。

　そのうち従来型の個人情報については、文書・図画（絵）・電磁的記録（データ）に記述・記録された情報に加えて、「音声、動作その他の方法」によって表現された情報についても、個人情報として扱うことを明記した点が注目に値するところです。

　後者の表現行為による情報の具体例には、病院や銀行で患者や顧客を呼び出すためにアナウンスをする場合などが挙げられます。氏名のうち「苗字」だけを数回アナウンスした場合であれば、個人情報にはあたりません。しかし、氏名や来訪目的などを繰り返しアナウンスしたことで、特定の個人が識別される状態になっている場合は、個人情報としての取扱いが求められます。そのため、最近では、個人の識別を防ぐため、整理番号を用いて番号のみで患者や顧客を呼び出す方式を採用する病院や銀行が増えています。

　その他、病院で行われる会議など、情報共有のために個人情報を用いて協議を行う場合も、音声や動作などの表現を用いて個人情報を扱う行為にあたります。場合によっては、会議中のメモや録音についても、取扱いに注意が必要になる可能性があります。

# 個人識別符号型の個人情報の範囲について教えてください。メールアドレスは個人識別符号に該当するのでしょうか。

政令の定めがないメールアドレスは個人識別符号に該当しません。

　個人識別符号型の個人情報は「個人識別符号を含むもの」とされています。個人識別符号とは、文字・番号・記号などの符号を羅列することで個人の識別が可能なものとして「政令」（施行令または施行規則）で定められた情報のことです。具体的には、個人情報保護法2条2項1号・2号で詳しく定義付けています。

　まず、1号の個人識別符号は、身体の一部の特徴をデータに変換した番号や符号で、特定の個人を識別できるものです。政令では、生体認証に利用される指紋・静脈・声紋・虹彩・顔の各データなどが個人識別符号に該当すると定めています（施行令1条1号）。これらの「身体の一部の特徴」を変換し、データ化しているものであるため、個人識別符号と扱われるのです。

　次に、2号の個人識別符号は、サービス（役務）の利用などに割り当てられる番号や符号であって、利用者（購入者）ごとに割り当てることにより、特定の利用者を識別できるものです。政令では、旅券番号（パスポート番号）、基礎年金番号、運転免許証番号、住民票コード、個人番号（マイナンバー）、公的保険の被保険者証の番号、在留カードの番号などが個人識別符号に該当すると定められています（施行令1条2号～8号、施行規則4条）。

　以上に対し、電話番号（携帯電話番号を含む）、クレジット

カード番号、ポイントカード番号、メールアドレスなどは、政令（施行令または施行規則）で個人識別符号であると定めていないため、当然には単体で個人情報として扱われるわけではありません。ただし、従来型の個人情報として扱われる場合があります。

● 「特定の個人を識別できる」ことの意味について

個人情報は、その情報の内容により、特定の個人を識別することができる個人に関する情報です。たとえば、「Ichiro.Suzuki@abc.co.jp」というメールアドレスは、氏名のローマ字ですので、単体で個人情報に該当します。

また、その情報単体では特定の個人が識別不可能であっても、他の情報と照合することで特定の個人が容易に識別することができる場合は、従来型の個人情報（28ページ）に該当します。たとえば、A省のある職員のメールアドレスについて、メールアドレス単体では特定の職員を識別不可能でも、A省の職員であれば職員名簿などにより誰のメールアドレスなのかが容易にわかる場合は、そのようなメールアドレスは個人情報に該当するといえます。

■ メールアドレスの取扱い ………………………………………………

 メールアドレス （例）「Ichiro.Suzuki@abc.co.jp」

 政令（施行令・施行規則）で「個人識別符号」にあたるとは定めていない
∴メールアドレスは個人識別符号にあたらない

「特定の個人を識別できる」場合⇒従来型の個人情報に該当する

 ①氏名のローマ字等 … 特定の個人を識別できるため個人情報に該当
∴「Ichiro.Suzuki@abc.co.jp」は個人情報

②単体では特定個人が識別不可能でも、他の情報と照合することで特定の個人が容易に識別可能 … 個人情報に該当する

# 個人情報保護法が定める個人データと保有個人データの違いがわかりません。両者の違いは何でしょうか。

個人データのうち開示等の請求に応じる権限があるものを保有個人データといいます。

個人情報保護法は個人情報の中に「個人データ」や「保有個人データ」の区分を定め、それぞれの取扱いについて定めています。

個人データとは、個人情報保護法2条6項で「個人情報データベース等を構成する個人情報」と定義されています。個人情報を含めた様々な情報を容易に検索できるような形に構成したものを個人情報データベース等といい、これらのデータベースの中に記載されている個人情報は個人データと呼ばれます。たとえば、個人情報データベース等からCD-Rなどの外部記録媒体に保存された個人情報はもちろん、個人情報データベース等から紙面に出力して帳票等に印字した個人情報なども個人データに該当します。これに対し、個人情報データベース等を構成する前の入力用の帳票等に記載された未整理の個人情報については、個人データに該当しないと扱われています（通則ガイドライン2-6）。

保有個人データとは、個人情報保護法2条7項で「個人情報取扱事業者が、開示、内容の訂正、追加又は削除、利用の停止、消去及び第三者への提供の停止を行うことのできる権限を有する個人データ」と定義されています。個人データの中でも、個人情報取扱事業者が開示等の請求に応じるなど、ある程度自由に扱うことができるものが保有個人データだといえます。

ただし、①その存否が明らかになることで公益その他の利益が害されるとして政令で定める個人データや、②6か月以内に消去することとなる個人データ（施行令5条）は、保有個人データから除外されています。①に該当する場合として、ⓐ本人や第三者の生命・身体・財産に危害が及ぶおそれ、ⓑ違法・不当な行為を助長・誘発するおそれ、ⓒ国の安全が害され、他国との信頼関係が損なわれるおそれ、ⓓ犯罪の予防・鎮圧・捜査その他の公共の安全と秩序の維持に支障が及ぶおそれ等があります（施行令4条）。

　個人情報保護法が個人情報取扱事業者に対して保護を求めているのは、基本的には個人情報に該当する情報です。一方、保護を求める対象が個人データや保有個人データに限定されている場合もあります。たとえば、保有個人データに該当しない個人データを保有しているときは、本人からの開示等の請求に応じる必要はありません。

### ■ 個人情報の意義

**個　人　情　報**

①生存する個人に関する情報で、特定個人を識別できるか、他の情報と容易に照合できて、特定個人を識別できる情報

②生存する個人に関する情報で、個人識別符号が含まれるもの
（①②の中で、人種・信条・社会的身分・病歴・前科・犯罪被害歴など、本人に対する不当な差別・偏見などの不利益が生じないように、取扱いにとくに配慮が必要なものを「要配慮個人情報」という）

**個　人　デ　ー　タ**

個人情報データベース等を構成する個々の個人情報

**保　有　個　人　デ　ー　タ**

個人情報取扱業者が、開示、内容訂正・追加・削除、利用停止、第三者提供の停止を行える権限をもつ個人データ

# たとえばカーナビや住宅地図は個人情報保護法が規定する個人情報データベース等に該当するのでしょうか。

個人の権利利益を害するおそれが少ないと個人情報データベース等に該当しません。

　個人情報データベース等とは、個人情報保護法2条4項で、個人情報を含む情報の集まりでのうち、特定の個人情報を検索することができるように体系的に構成されたものと定義されています。パソコンなどの機器を使用して検索できるものの他、紙媒体で管理されている情報でも一定の規則（アイウエオ順、アルファベット順など）に沿って整理されて目次・索引などで容易に検索できるものであれば、個人情報データベース等に該当します。つまり集められた個人情報の量の多寡は問題になりません。

　ただし、利用方法から見て個人の権利利益を害するおそれが少ないものとして政令で定められているものは、個人情報データベース等に該当しません。政令では、①不特定多数の者に販売することを目的として法令に違反しない形で発行された、②不特定多数の者が随時購入できる（できた）、③生存する個人に関する他の情報を加えることなくその本来の用途に供している、のすべてに当てはまるものが、個人情報データベース等から除かれています（施行令3条）。たとえば、大量に市販されている電話帳、住宅地図、カーナビなどは、①②③のすべてに当てはまるため、それらに含まれている個人情報の集合物は個人情報データベース等には該当しないことになります。

顧客名簿が個人情報データベース等にあたる場合とは、具体的に顧客情報をどのように用いた場合をいうのでしょうか。

顧客名簿は原則として個人情報データベース等に該当します。

　顧客名簿とは、会社の事業活動に利用するために収集された顧客にまつわる情報を整理し、名簿化したもののことです。

　顧客名簿は各会社独自のものであり、会社の事業活動のために利用される顧客名簿は「個人情報データベース等」に該当し、個人情報の一種とされ、厳重な管理が必要になります。これを外部へ持ち出す行為や不法に盗み出す行為などをした場合は、個人情報データベース等提供罪（法83条）として扱われ、懲役や罰金が科される可能性があります。

　会社の事業内容によっては、市販されている電話帳などを活用し、勧誘やアンケートなどの営業活動を行う場合があります。このような電話帳などが個人情報データベース等に該当するか否かは、市販の状態から加工・編集が行われているかどうかで決定されます。市販の状態のままではなく、市販された名簿のデータベースをその会社の事業に合わせた状態に加工・編集をして（個人的に手を加えて）、顧客名簿として利用している場合には、その顧客名簿は個人情報データベース等となるため、それを構成する個人情報、つまり個人データについて適切な管理を行う必要があります（82ページ）。

## 名刺フォルダーやその中にある個々の名刺について、個人情報保護法上の規制が及ぶ場合があるのでしょうか。

特定の情報が容易に検索できるよう整理されていれば、個人情報保護法が定める保護措置が義務付けられます。

名刺フォルダーやその中にある名刺が個人情報保護法上の何に該当するかどうかは、名刺の管理状況によって変わります。

取引相手から受け取った名刺には、氏名、所属先の名称・住所・電話番号、所属先における役職などが記されています。名刺に記載された内容で個人を特定することができるため、個々の名刺は「個人情報」に該当します。しかし、個人情報保護法が定める保護措置（安全管理措置、従業者や委託先の監督、第三者提供の制限など）は、基本的に「個人データ」を対象としています。つまり、個人情報データベース等に含まれる個人情報でない限り、保護措置の義務を負わないことになります。

名刺は事業の継続とともに増加し蓄積されていくため、名刺フォルダーなどに入れて管理するのが通常です。一般に多くの情報から特定の情報を検索できるようにするシステムを「データベース」と呼びます。名刺フォルダーに納められた名刺が、希望するものを容易に取り出せるような形で納められている場合には、その名刺フォルダーが個人情報保護法上の「個人情報データベース等」に該当し、個人情報保護法上の保護措置が必要になります。

たとえば、名刺フォルダー内の名刺が「あいうえお順」また

は「アルファベット順」などに整理されている場合は、一定の法則に従えば名刺の検索が容易に可能となるため、その名刺フォルダーが個人情報データベース等に該当します（通則ガイドライン2-4）。また、受け取った名刺内の情報をパソコンでエクセルなどのソフトを用いてデータに入力し、一元的に管理をしている場合も、そのデータが個人情報データベース等に該当します。そのデータに営業状況やクレーム履歴、営業にあたる特徴やポイントを加えて総合的に管理している場合は、とくに厳重に管理し、外部へ漏えいしないように心がけなければなりません。

　個人情報データベース等に該当するかは、データ内に特定の個人を識別可能な情報が含まれているか、という基準で判断されます。たとえば、データ内に取引先となる会社の個人情報（特定の従業員や株主などを識別することができる情報）が含まれている場合は、そのデータが個人情報データベース等に取引先となる会社の個人情報が個人データに該当するため、個人情報保護法上の保護措置が課せられることに注意しなければなりません。

　一方、取引先の会社に所属する個人名が記載されている場合であったとしても、データに含まれる情報の中心が取引先会社の情報であり、個人名から特定の個人を識別することができない場合は、そのデータは個人情報データベース等には該当しません。個人名が個人情報ではないとすると、そのデータは個人情報の集合物とはいえないからです。

　なお、個人情報データベース等に該当するデータや名刺フォルダーの内容を不正に盗用した場合は、個人情報データベース等提供罪（法83条）に問われます。一方、個人情報データベース等に該当するかどうかを問わず、名刺フォルダーや個々の名刺を所持者に無断で盗んだ場合は、刑法235条の「窃盗罪」に問われます。

# 病院等で用いられるカルテや企業の情報カードが個人情報保護法の適用対象になる場合があるのでしょうか。

情報が容易に検索できるシステムが構築されていれば、個人情報保護法が適用されます。

　医療関係に従事する事業の場合は、対象となる患者の診療の記録や罹患した病気などが記されたカルテを用いるケースが多くあります。カルテ自体が後での追加や並べ替えに対応したフォルダーに納めることができるような作りとなっており、その上で、すぐに取り出せるようにインデックスがつけられていることが多く、来院した患者の情報がすぐに入手できるように、フォルダーをスタンド（ボックス）に入れて管理している場合があります。カルテが納められたフォルダーは「個人情報データベース等」に、個々のカルテは「個人データ」に該当し、個人情報保護法の適用対象となります。とくに病歴などは「要配慮個人情報」として、より強い保護措置が課せられている点に注意すべきです。

　一方、「情報（整理）カード」というカードを利用して取引先の情報を管理する会社もあります。必要とされる情報カードを容易に取り出すことができるような状態にしてファイルなどに納めている場合は、そのファイルが「個人情報データベース等」に、個々の情報カードは「個人データ」に該当し、個人情報保護法の適用対象となります。個人データに該当するカルテや情報カードについては、病院・会社に対して、安全管理措置、従業者や委託先の監督、第三者提供の制限などの保護措置が課せられます。

## アンケート用紙や回答ハガキについて個人情報保護法が適用される場合があるのでしょうか。

 記名式のものや五十音順に管理されている場合、個人情報保護法の適用対象になります。

　アンケート用紙の場合は、回答者名が設けられている「記名方式」のときに、個人情報に該当することがあります。個人情報とされる場合は、具体的にはフルネームが記載されているケースです。個人名以外の個人を特定する情報（住所・生年月日・電話番号など）が記載されていなくても、姓名の両方が記載されていれば、個人を特定することが可能になるためです。

　これに対し、回答者名にフルネームの片方（姓のみなど）、またはイニシャルやニックネームのみが記載されている場合などは、個人の特定が困難であるとされ、個人情報には該当しません。

　なお、個人情報に該当するアンケートを五十音順に整理してファイリングしている場合などは、整理された情報からの容易な検索や取り出しが可能とされ、ファイル全体が個人情報データベース等に該当します。

　一方、クイズなどの回答ハガキの場合は、個人名を記載しているのが通常であり、個人情報に該当します。そして、ハガキの束が個人情報データベース等に該当するかどうかは、名刺フォルダーの場合と同様の基準で判断されます（39ページ）。たとえば、五十音順に並べ替えされ、ファイリングして整理されている場合は、個人情報データベース等に該当します。

# 自治会名簿や回覧板の記載内容について個人情報保護法の規定が適用されることがあるのでしょうか。

自治会名簿は個人情報データベース等に該当するので、保護義務が課せられます。

　自治会名簿は、その地区に居住する会員の氏名・住所などの個人情報を、主に班（組）ごとに区分けしてまとめたものです。この自治会名簿の記載に基づき、班ごとに回覧板が回され、地域の情報を共有し、各当番の持ち回り、自治会費や募金などの集金活動が行われます。なお、5000件要件の撤廃（26ページ）により、自治会が個人情報取扱事業者に該当するようになった点は要注意です。

　自治会名簿は、班ごとに区分けすることで、容易に特定の会員の個人情報を検索することができ、不特定多数に販売されるものでもありません。よって、自治会名簿は「個人情報データベース等」に、個々の会員の氏名・住所などは「個人データ」に該当するので、個人情報保護法の適用対象となります。

　名簿作成のために会員の氏名・住所を取得する場合、自治会は、名簿の利用目的を会員に明らかにし、名簿の配布について同意を取得することが必要です（配布が第三者提供にあたるため）。また、名簿を会員に配布する際は、安全管理措置の一環として、会員に対し盗難・紛失・転売をしないように注意することが重要です。

　一方、回覧板は、記載の会員名は個人情報ですが、個人情報データベース等にあたらず、個人データの保護義務は課されません。

# 学校の連絡網やPTA会員名簿などについて個人情報保護法が適用されることはあるのでしょうか。

 個人情報が記載された個人情報データベース等として、個人情報保護法が適用されます。

　学校の連絡網は、クラスメイトの連絡先や緊急連絡の際に必要となります。一般的に連絡網には生徒の氏名・電話番号などが掲載されますが、これらは特定の個人を識別することができる個人情報に該当します。そして、連絡網は生徒の情報を体系的に整理したものなので「個人情報データベース等」に該当し、連絡網に掲載された生徒の情報は「個人データ」に該当すると考えられているため、連絡網を配布するには生徒または保護者の同意が必要です。配布は個人データの第三者提供に該当します。

　そのため、連絡網に掲載する生徒の氏名・電話番号などを取得する場合は、事前に生徒または保護者の同意を得ておくことが重要です。同意が得られなかった生徒について、同意の代替措置として「オプトアウト」の方法を用いることができます。ただし生徒や保護者から「削除してほしい」との申し出があった際に、該当の情報を削除しなければならず、また、オプトアウトの方法を用いる際には、個人情報保護委員会への届出が必要になります。

　また、PTA会員名簿も原則として連絡網と同様に扱われます。PTA会員名簿は不特定多数には販売されないので、個人情報データベース等にあたります。そのため、利用目的の通知や掲載時の本人同意（配布が第三者提供にあたるため）が必要になります。

検索システムが搭載されている場合、原則として個人情報データベース等に該当します。

　通常メールアドレスを入力するパソコンのソフトには、検索機能が搭載されています。たとえば、メールアドレスの数文字を打ち込むだけで、入力された文字を含むメールアドレス候補が列挙される機能があります。また、過去に使用したメールアドレスについて、履歴機能を用いて検索することができる場合もあります。

　このようなシステムが搭載されている場合、従業員が意識的にメールアドレス帳を作成していなくても、個人情報データベース等が完成しているとみなされ、個人情報保護法上の保護措置が必要です。パソコンのメールアドレス帳は、検索機能を用いて特定の個人情報を検索可能であるため、分類をしていなくても個人情報データベース等に該当すると考えるべきでしょう（通則ガイドライン2-4）。

　なお、メールアドレス帳を構成する個々のメールアドレスについて、ユーザー名やドメイン名に個人名が含まれている場合は、特定の個人の識別が可能であるため、メールアドレス単体で個人データに該当します。一方、記号や文字が無作為に並べられている場合は、特定の個人の識別は困難であるため、単体では個人データに該当せず、氏名との組み合せなどで個人データに該当する場合があります。

 業務日報、報告書などに記載された情報について個人情報保護法が適用されることはあるのでしょうか。

 内容によっては業務日報や報告書が個人情報データベース等にあたる場合があります。

業務日報は、社員がその日に行った業務の内容や進捗状況を一日の終わりに記し、上司に提出する書類のことです。提出される日報にも書面形式の場合やパソコン上のデータ形式による場合など、様々な種類が存在します。一方、報告書は、業務が一定量終了した場合や業務の段階に応じて、上司に確認や指示を仰ぐために作成されます。

このような業務日報や報告書には、取引先名や担当者名など、業務に関係した会社の情報が多く記載されます。また、業務の進捗状況や売上高など、個別の取引内容も含まれる場合が多いようです。このような場合は、書類の内容から特定の個人を識別可能とされるため、業務日報や報告書が個人情報にあたるといえます。

また、業務日報や報告書の利用目的により、個人情報データベース等に該当するかが判断されます。たとえば、書類が報告日順にファイリングされ管理されているだけの場合は、個人情報データベース等に該当しません。ただし保険会社などの業種では、業務日報や報告書で契約者情報を確認する際にあわせてデータベースを検索することがあるため、個人情報データベース等に該当し、安全管理措置、従業者や委託先の監督、第三者提供の制限などの保護措置が課せられます。

# 改正により個人情報の枠中に「要配慮個人情報」という新しいカテゴリーが導入されたと聞きました。具体的にどのような情報が含まれるのでしょうか。

 人種、信条、社会的身分、病歴、犯罪の経歴、犯罪により害を被った事実、とくに慎重に扱うべきものとして政令で定める記述等を指します。

要配慮個人情報とは、個人情報のうち「機微情報」「センシティブ情報」などと呼ばれていた種類の情報のことで、慎重に扱うべき個人の内部情報です。具体的には、個人情報保護法2条3項で「本人の人種、信条、社会的身分、病歴、犯罪の経歴、犯罪により害を被った事実」および「その他本人に対する不当な差別、偏見その他の不利益が生じないようにその取扱いにとくに配慮を要するものとして政令で定める記述等」のいずれかが含まれる個人情報であると定めています。

平成27年改正により、要配慮個人情報には、後述する取得や第三者提供の場面において特別な配慮が必要であることを明確にしました。しかし、要配慮個人情報に含まれない個人情報について、全く配慮をしなくてよいわけではない点には留意すべきです。

### ●どのようなものが要配慮個人情報なのか

個人情報保護法上の「要配慮個人情報」には、人種・信条・社会的身分・病歴・犯罪歴・犯罪被害者歴が該当します。さらに、「政令で定める記述等」として、ⓐ身体障害・知的障害・精神障害などの障害情報、ⓑ健康診断・遺伝子検査の結果、ⓒ保健指導・診療・調剤の事実、ⓓ逮捕・勾留・公訴提起などの刑事手続

きを受けた事実、ⓔ審判・保護処分などの少年手続きを受けた事実、が明記されています（施行令2条）。ここでは、個人情報保護法で列挙されている要配慮個人情報を見ていきましょう。

① **人種が含まれる個人情報**

人種についての情報は、差別や偏見と結びつくことが多いため、要配慮個人情報となります。たとえば、「アイヌ民族である」「在日韓国人である」などの民族的・種族的な世系が該当します。一方、単に国籍だけの情報である場合は、要配慮個人情報には該当しません（通則ガイドライン2-3）。

② **信条が含まれる個人情報**

信条とは、思想や信仰のことです。所属している宗教団体や、支持している政党などがこれにあたります。たとえば、傾向企業（一定の思想が活動の根幹になっている企業）などでは、職員の採用にあたって政治的権利の行使に関する事項を申告させることがありますが、ここで取得した情報は要配慮個人情報として特別な配慮が必要です。

なお、図書の貸し出しサービスで、個人の貸出履歴から宗教的な傾向を推測させることもありますが、あくまで貸し出しの事実にすぎず、要配慮個人情報とは断定できません。ただし、個人の信条に直結するため、その管理について配慮する必要はあると考えられます。

③ **社会的身分が含まれる個人情報**

社会的身分についての情報は、個人の生来的な環境に着目した概念で、自らの力によって容易にそれから脱することができないような地位を指し（通則ガイドライン2-3）、人の出生以来の社会的地位を指す「門地」等が挙げられます。たとえば、被差別部落出身者であることや、嫡出子（結婚関係にある男女から生まれた子）でないこと（婚外子であること）などが該当します。

④　病歴が含まれる個人情報

　病歴とは、個人が過去罹ったことのある特定の疾患、現在罹っている特定の疾患などの履歴のことをいいます。HIV感染者である、ガンの既往歴があるといった事実がこれにあたります。なお、診療情報や調剤に関する情報、または健康診断の結果や保健指導などの指導内容は、これらから病気を推測したり、特定可能な場合があるため、病歴に準じるものとして扱われています。

⑤　犯罪歴・犯罪被害者歴が含まれる個人情報

　犯罪歴とは、過去に有罪判決を受け、刑が確定した履歴のことをいいます。いわゆる前科についての情報です（通則ガイドライン2-3）。なお、有罪確定前の情報は「刑事手続きを受けた事実」（47ページⓓ）として要配慮個人情報に含まれます。具体的には、被疑者または被告人として、逮捕・捜索・差押え・勾留・公訴提起などを受けた事実のことです。

　また、加害者の情報だけでなく、被害者の情報（犯罪によって害された事実の情報）も要配慮個人情報に含まれます。

### ■ 要配慮個人情報とは ·····························································

| | |
|---|---|
| **人種**（国籍のみの情報は含まない） | アイヌ民族・在日韓国人 |
| **信条**（思想・信仰） | 所属する宗教団体・支持政党 |
| **社会的身分**<br>（自身の意思では変えることができない<br>　社会的に区別や差別がなされる身分） | 被差別部落出身者である・<br>嫡出子ではない |
| **病歴**（過去または現在罹う疾患） | ＨＩＶ感染者、ガンの既往歴 |
| **犯罪歴**（前科の情報） | 過去に有罪判決を受け、刑が<br>確定したものの履歴 |
| **犯罪被害者歴** | 犯罪によって害された事実 |

**Answer** 要配慮個人情報を取得するためには、原則として本人の同意を得ることが必要です。

　企業が通常の個人情報を取得する場合は、不適正な方法で取得する場合を除き自由に取得することが可能で、本人の同意を得る必要はありません。しかし、要配慮個人情報は極めてデリケートな内容であるため、取得する場合は原則として本人の同意を得ることが必要です（法17条2項）。本人が同意する内容とは「個人情報を企業に提供すること」です。

　企業は、提供情報の項目や利用目的を書面などで明示した上で、本人の同意を得なければなりません。このようにして本人の同意を得ることができた場合は、その企業内においては、利用目的の範囲において、その要配慮個人情報を利用することが可能になります。

　同意を得ずに要配慮個人情報を取得した場合は、その情報は違法に取得したものとなるため、企業はその利用の停止や消去をしなければなりません。企業が自発的に利用の停止や消去を行わない場合は、個人情報保護委員会から勧告や命令を受ける場合があります（法42条）。このうち命令に従わなかった者は、6か月以下の懲役または30万円以下の罰金が科されます。これは両罰規定になりますので、違反行為者（社長や従業員など）だけでなく、企業も罰金を受けることになります（法84条、87条）。

なお、平成27年改正の施行日（平成29年5月30日）より前に要配慮個人情報にあたるものを取得済みである場合は、その情報は本人の同意を得ていなくても違法に取得したものとはならず、法令などに違反しない範囲で利用することが認められます。

　ただし、要配慮個人情報の取得制限には例外が設けられており、事前に本人の同意を得ていない場合であっても、要配慮個人情報の取得が認められる場合があります（法17条2項1号〜6号）。

　たとえば、不特定多数が閲覧可能なSNSなどに本人が公開している要配慮個人情報の場合は、自身が公表を許可している情報であると判断され、本人の同意がなくても取得可能です。また、多くの人の目に入る報道によって公表されている要配慮個人情報なども同様です。

　その他にも、法令に基づく場合、人の生命・身体・財産を保護するために必要である場合、公衆衛生の向上などの目的で必要な場合などのやむを得ない事情のあるケースにおいては、例外的に本人の同意がなくても要配慮個人情報の取得が認められています。

### ■ 要配慮個人情報の取得 ………………………………………………

| 要配慮<br>個人情報 | 本人の人種・信条・社会的身分・病歴・犯罪歴・犯罪被害者歴・とくに配慮を要するものとして政令で定める記述等 |
| --- | --- |

↓

取　得

> **原則** 本人の同意が必要
> 　⇒提供情報の項目・利用目的を書面などで明示した上で、本人の同意を得なければならない
> **【例外】** 不特定多数に公表されている事実、本人が公表している事実、法令に基づく場合など

**同意を得ずに要配慮個人情報を取得した場合**
違法に取得した情報の利用の停止や消去をしなければならない
（個人情報保護委員会から勧告や命令、または罰則の適用あり）

**Answer**
医療情報が個人識別符号と要配慮個人情報にあたる場合は慎重に扱う必要があります。

　改正個人情報保護法においては、個人情報を取り扱うすべての事業者が、原則として法の適用対象に含まれます。したがって、私立病院のような大規模な医療機関はもちろんのこと、個人の診療所のような比較的小規模な医療機関であっても、扱う医療情報について、個人情報保護法が規定する様々な措置を講じる義務が生じます。

　なお、医療・介護に関係する事業者に向けて、個人情報の適正な取扱いのための具体的な留意点・事例などを示したものとして、個人情報保護委員会および厚生労働省が「医療・介護関係事業者における個人情報の適切な取扱いのためのガイダンス」を定めています。個人情報を取り扱う際には、通則ガイドラインなどとあわせて参照するとよいでしょう。

　たとえば患者のカルテなどのように、個人情報に該当することが容易に推測される情報については、必要な措置をとらなければならないという負担こそあるものの、漏えい等の事態を防ぎ、取扱いを慎重にしなければならないことは、比較的わかりやすい例といえます。これに対して、とくに注意するべき情報がいくつか存在します。

　まず医療機関が注意すべき情報として、医療情報が個人識別符

号にあたる場合です。個人識別符号とは特定の個人の身体の一部の特徴をデータ利用等するために変換した文字、番号、記号その他の符号をいいます。医療情報においては、たとえば「細胞から採取されたデオキシリボ核酸（別名DNA）を構成する塩基の配列」であるゲノム情報が個人識別符号にあたります（施行令1条1号イ）。近年ゲノムの解析技術の進展は目覚ましいものがあり、個人特有の情報を読み取ることが可能な程度に技術が進んでいるため、ゲノム情報は個人識別符号にあたると定められました。

　さらに医療機関が注意すべきなのは、医療情報が要配慮個人情報にあたる場合です。要配慮個人情報とは、本人の人種、信条、社会的身分、病歴、犯罪の経歴など、本人に対する不当な差別・偏見その他の不利益を防ぐ必要が大きい情報をいいます。医療機関等が扱う医療情報の中で、要配慮個人情報に該当する情報としては、診療記録などの病歴や診療、調剤の過程がわかる情報が挙げられます。慎重に取り扱わなければ、身体状況、病状・治療経過等の極めて個人的な事実が他者に知られてしまうおそれがあります。要配慮個人情報は、取得や第三者提供に際して、原則として本人の同意が必要であり、オプトアウトによる第三者提供が認められないなどの特別な注意が必要です。

### ■ 注意するべき医療情報 ……………………………………………………

**医療情報**

**個人識別符号**
（例）ゲノム情報　∴ 遺伝子レベルで個人の特定が可能

**要配慮個人情報**
（例）個人の診療記録など
　　　⇒原則として取得・第三者提供に本人の同意が必要

# 個人データを第三者に提供する際に、必ず本人の同意を得なければならない場合はあるのでしょうか。

要配慮個人情報を第三者に提供しようとする場合には、原則として本人の同意を得る必要があり、オプトアウトの手続は利用できません。

　個人データ（個人情報データベース等を構成する個人情報）を外部機関などの第三者へ提供する場合、事前に提供対象となる個人データの本人にその旨を明示するか、容易に知り得る状態に置くことが必要になります。明示などをすべき事項は、①個人データの第三者提供を利用目的とすること、②第三者に提供される個人データの項目、③第三者への提供方法、④本人の求めに応じて第三者提供を停止すること、⑤本人の求めを受け付ける方法です（法23条2項）。これをオプトアウトといい、事前にオプトアウトのしくみを取ることで、本人の同意を得ずに第三者提供が可能になります。ただし、平成27年改正で個人情報保護委員会への届出が義務付けられるなど、オプトアウトの手続きが厳格化されていることに注意が必要です。

　しかし、個人データに要配慮個人情報が含まれる場合は、個人にとって非常にデリケートな内容を含むため、同意なく提供されることで何らかの不利益や被害を被る可能性があります。厳格な手続きを定めたとしても、本人が認識できない間に第三者に提供されるおそれは完全には払拭できないためです。そこで、本人が認識できない間に他人に提供されることがあってはならない要配

慮個人情報は、オプトアウト手続による第三者提供を認めないという扱いにしました（法23条2項かっこ書）。したがって、要配慮個人情報はオプトアウトが認められないので、原則として本人の同意を得ずに第三者に要配慮個人情報を提供することが禁止されます（法23条1項）。

実際に要配慮個人情報を提供する場合は、事前にその要配慮個人情報の持ち主に対して「どの項目を、いつ、誰に、どのような利用方法のために」提供するのかを明示して、同意を得る必要があります。なお、第三者提供についても取得の場合と同じく、法令に基づく場合、人の生命・身体・財産を保護するために必要な場合、本人をはじめ報道機関などで公開されている場合などの例外が認められます（法23条1項）。

## ■ 要配慮個人情報の取得・第三者提供 ……………………………………

### ● 取得

| 通常の個人情報 | 本人の同意は原則不要<br>⇒適正な範囲で取得することができる |
|---|---|
| 要配慮個人情報 | 本人の同意が原則必要<br>★「同意」<br>⇒「個人情報を第三者に提供すること」についての同意が必要<br>∵極めてデリケートな内容を含む |

### ● 第三者提供

| 通常の個人情報 | 「オプトアウト」による第三者提供が可能<br>⇒所定の事項を明示して第三者提供を行う<br>第三者提供を利用目的とすること、本人の求めに応じて第三者提供を停止するなど |
|---|---|
| 要配慮個人情報 | オプトアウトは認められない<br>⇒本人の同意を得ずに第三者提供はできない |

 **20 Question** 就職希望者の思想・信条に関する情報を取得する上で、遵守すべき個人情報保護法の規定にはどのようなものがあるのでしょうか。

 **Answer** 思想や信条は要配慮個人情報として本人の同意を得て取得しなければなりません。

　憲法19条は、「思想及び良心の自由は、これを侵してはならない。」と規定しています。特定の個人に対し、その人の持つ思想や信条を確認することは、その人の精神的自由そのものを脅かすことにつながりかねません。企業は、よほどの必要性がない限り、こうした情報を入手すべきではないでしょう。ただし、最高裁判所の判例（三菱樹脂事件、大法廷判決昭和48年12月12日）は、企業には営業の自由（憲法22条）が認められており、原則として、誰を、どんな条件で雇い入れるかについて、自由な決定権を持っていると認めています。したがって、採用に際して、就職希望者に思想・信条について申告させ、その内容を採用の判断基準にすることは可能だといえるでしょう。こうした申告は、たとえば、特定の政党と関連する業務（政党の機関紙作成業務など）に就かせる従業員を募集する場合等に、当該政党に反する思想を持つ人を採用するわけにはいきませんので、支持政党について申告させることがあるでしょう。

　なお、思想・信条（信仰を含む）は、機密性の高い情報なので要配慮個人情報にあたり（通則ガイドライン2-3）、本人の同意を得て取得する必要があります。また、就職希望者の思想・信条について第三者から情報提供を受けないようにすべきです。

**21** 個人情報保護法における要配慮個人情報にあたる過去の犯罪歴等について、企業が履歴書の「賞罰欄」への記載を採用時に求めることは許されるのでしょうか。

企業の信用に関わるため、原則として賞罰欄への犯罪歴の記載を求めることができます。

　履歴書の賞罰欄について、スポーツや文化活動などの受賞歴は「賞」として記載することになるのに対し、有罪判決を受けて刑が確定したものの履歴、つまり犯罪歴（前科）は「罰」として記載することになります。一般的には、１年以上の懲役刑または禁錮刑に処せられた場合に、その罪名と刑罰を書くことになっています。従業員の犯罪歴は、企業の信用性に深くかかわることですので、業務に必要な範囲の事項として、採用時に履歴書へ記載させることができます。もちろん、その申告内容を採用の判断基準とすることも可能です。

　もっとも、不起訴になった場合や行政罰等については記載しなくてよいため、就職希望者が仮にこれらの情報を故意に申告しなかったとしても、経歴詐称を理由に懲戒解雇などのペナルティを与えることはできません。ただし、運送関係の業務に就かせる従業員を採用する場合などは、過去の交通事故・交通違反の情報が、その就職希望者の適正や技術力などを判断する上で欠かせない情報になります。その場合には、業務に必要な範囲内の情報として、違反歴を履歴書に記載させることができるでしょう。

　以上によって申告を受けた犯罪歴は「要配慮個人情報」となりますので、取扱いにはとくに配慮しなければなりません。

# 個人情報保護法における要配慮個人情報にあたる就職希望者の健康状態や病歴について、採用の際に申告を求めることは許されるのでしょうか。

業務に必要な範囲内であれば、就職希望者の健康情報を入手することも許されます。

　企業が従業員を採用しようとする際には、新しく採用した従業員が、健康上の問題で休むことが多かったり、採用後すぐに休職・退職することは、避けたいところでしょう。

　健康状態や病歴は、要配慮個人情報に該当しますので、本人の同意があれば申告させることができるようにも思われますが、採用を決める場面においてはこうした行為は非常に制限されています。どのような健康状態の人や病歴を持つ人であっても、就職の機会は均等に与えられるべきであるからです。

　厚生労働省は、事業者に対し、採用選考時に業務に不必要な健康情報を問わないよう求めていますが、逆を言えば、業務に必要な範囲内であれば、健康情報を入手することは可能ということです。下級審の裁判例においても、「健康診断は予定される労務提供の内容に応じて入社前に実施することができる」という判断がされています（Ｂ金融公庫事件、東京地裁判決平成15年6月20日）。業務に必要な範囲内であれば、就職希望者に健康情報を申告させることや、実際に健康診断を受けさせることも可能です。業務に必要な範囲内とは、たとえば高所作業従事者の血圧値の把握等が該当します。健康状態や病歴を確認する際には、その病気等と業務内容の関係性を就職希望者に説明することが重要です。

事前に同意を得ずに要配慮個人情報を取得した場合にどのような処理が必要になるのでしょうか。過去に受け取った情報についても何らかの措置が必要になるのでしょうか。

法律施行後に受け取った情報については、利用停止等の措置を採る必要があります。

　事前に本人の同意を得ないで要配慮個人情報を受け取った場合は、その情報を違法に取得していることになります。故意がある場合だけではなく、法律に違反する意図がなかったとしても、結果的に本人の同意を得ないで取得している状態になった場合には、違法な取得をしていることになる点に注意が必要です。

　この場合、本人は、個人情報取扱事業者に対し、要配慮個人情報を含む保有個人データの利用停止等（利用停止または消去）を請求することができます（法30条1項）。請求を受けた個人情報取扱事業者は、本人の請求に理由があることが判明したときは、違反を是正するために必要な限度で、当該保有個人データの利用停止等を行わなければなりません（法30条2項）。なお、利用停止等が困難な場合には、本人の権利利益を保護するために必要な他の措置をとることで、これに代えることも可能です。本人の請求を受けてから利用停止等を行う規定になっていますが、コンプライアンスを徹底するためには、企業が率先して利用停止等の対応を行うべきでしょう。

　なお、個人情報保護法改正の施行日（平成29年5月30日）より前に取得した要配慮個人情報については、本人の同意を得ていなかったとしても、違法な取得にはなりません。

 改正個人情報保護法における匿名加工情報とはどのような情報をいうのでしょうか。

個人情報に措置を加えて、特定の個人を識別できないように加工した情報をいいます。

匿名加工情報とは、個人情報に匿名加工を行い、特定の個人を識別する（ある一人の情報とわかり、その一人が誰かわかる）ことができないようにした個人に関する情報のことで、平成27年改正の個人情報保護法で新設された用語です。つまり、情報に匿名性をもたせる加工を施した情報であって、保有している個人情報を様々な目的で利用をするために用いられます。

改正前の個人情報保護法の下でも、情報を加工することで匿名性が生じるのであれば「個人情報」に該当せず、個人情報保護法の保護対象から外れると考えられていました。しかし、明確な規定がない以上、どのように匿名性が生じる加工を施せば個人情報に該当しないことになるのかなど、多くの不明瞭な点があるため、匿名化した情報の利活用が十分に行えない状況でした。

そこで、匿名化した情報を積極的に利活用したいというビジネスニーズに対応するため、これを顧客管理やデータ分析などに利活用できるよう、平成27年改正で法整備がなされました。たとえば、当該個人情報に含まれる氏名や生年月日等の記載の削除・置き換えや、個人識別符号の削除などの措置が匿名加工にあたります（次ページ）。また、匿名加工を施した情報を個人情報へと復元できないようにすることも重要です。

## 匿名加工とは、具体的にどの程度までの加工を施すと匿名加工情報として認められるのでしょうか。

特定の個人を識別することができないように加工を行い、含まれる情報から特定の個人が導き出せないことが必要です。

匿名加工情報の作成にあたり、どの程度の匿名性を必要とするかについて、まず検討を加えることが重要です。それでは、どの程度の匿名性を持たせる加工が考えられるのでしょうか。大前提として、個人情報保護法2条9項では「特定の個人を識別することができないように個人情報を加工」するとともに、「当該個人情報を復元することができないようにするもの」という定義を設けています。このことから、元の個人情報に含まれる個人を特定可能な記述などが、匿名加工情報から導けない程度に加工しなければなりません。

通常は、元の個人情報から個人識別符号を削除し、続けて特定の個人を識別できる記述などの削除・置き換えを行うことによって、復元ができない程度まで匿名加工することになります（匿名加工ガイドライン3-2）。たとえば、ある商品の購入者ごとに「氏名、生年月日、性別、住所、メールアドレス、勤め先、運転免許証番号」などが記録されているとします。

まず、元の個人情報から個人識別符号（運転免許証番号）を削除します。続けて、特定の個人を識別できる記述につき復元ができない程度まで削除・置き換えを行います。もっとも、復元がで

きない状態とは、あらゆる技術・手法によっても復元ができない程度まで復元防止を徹底する趣旨ではなく、少なくとも一般的な事業者の能力や手法等を基準に、通常の方法により復元ができないといえる状態であれば十分です（匿名加工ガイドライン2-1）。具体的には、氏名やメールアドレスは、規則性を有しない置き換えが難しいため、原則として削除します。他の記述は「生年月日→40代」「住所→東京都」「勤め先→会社員」などと置き換えます（性別はそのままでよい）。これはあくまでイメージですが、ここまで加工を行えばネット上などの外部で利活用することができます。

　たとえば、サイト閲覧者へ「ご覧の商品は40代の男性を中心に購入されています」という情報を提供すれば、閲覧者の購買意欲をかきたてることが可能になります。

### ■ 匿名加工情報の作成

個人情報
↑個人の
　特定が可能
　→
匿名加工
情報に匿名性を
もたせる加工
　→
匿名加工情報
↑第三者提供など
の利用が可能

・個人を識別する情報を削除
・後から復元・識別ができないように
　置き換える

当初の個人情報

| 氏 | 名：甲野一郎 |
| 生年月日：昭和46年 |
| | 6月15日 |
| 性 | 別：男性 |
| 住 | 所：東京都中野区 |
| | 南中野1－2－3 |
| 勤 め 先：株式会社星光商事 |
| 運転免許証 |
| | 番号：123456789123 |

 匿名加工

加工後の匿名加工情報

| 氏 | 名：×（削除） |
| 生年月日：40代 |
| 性 | 別：男性 |
| 住 | 所：東京都在住 |
| 勤 め 先：会社員 |
| 運転免許証 |
| | 番号：×（削除） |

 **保有する個人情報への加工や第三者提供に本人の同意は必要なのでしょうか。**

 匿名加工の実施や、匿名加工情報の第三者提供等に本人の同意は不要です。

　保有する個人情報に匿名加工を行う際に、本人の同意を得る必要はありません。目的に合わせて自由に匿名加工を行うことができます。さらに、匿名加工情報の第三者への提供時や第三者からの受領時も、本人の同意を得る必要はありません（匿名加工されているので同意を得ることがそもそも不可能です）。企業は匿名加工情報を自由に第三者に提供することが可能で、その売買もとくに問題にはなりません。

　61ページで匿名加工の例を説明しましたが、実際の方法は個人情報保護委員会の定める基準に従った加工を行う必要があり、その基準として「匿名加工ガイドライン」が定められています。

　「匿名加工ガイドライン」では、一般的な事業者の能力を基準として、特定の個人の識別ができず、元の個人情報への復元もできない程度に匿名加工することを求めています。一方、いかなる方法をもってしても、絶対に個人の識別や個人情報の復元ができない状態にすることまでは求めていません。しかし、業界団体や認定個人情報保護団体が厳しい基準を設定している場合がありますので、企業が加入する業界団体や認定個人情報保護団体の基準を確認することも必要です。

# 匿名加工情報を作成した事業者には、どのような義務が課せられるのでしょうか。

作成後の公表や安全管理に必要な措置等の義務を負います。

匿名加工情報の作成に、本人の同意を得ることは不要です。ただし、匿名加工情報を作成した個人情報取扱事業者には、一定の義務が課せられています（次ページ図）。

まず、匿名加工情報を作成したときは、当該匿名加工情報に含まれる個人に関する項目を公表する必要があります。公表の方法はインターネットを利用することが認められています（施行規則21条）。たとえば、「性別」「生年」「購買履歴」などの項目を企業のホームページに載せる方法によることが可能です（匿名加工ガイドライン3-4）。次に、匿名加工情報を他の情報と照合することが禁止されています（法36条5項）。他の情報と照合して特定の個人を容易に識別できる場合には「個人情報」となるからです。また、匿名加工情報の安全管理に必要な措置や、苦情処理のための措置などを講じて、それらの措置の内容を公表することが努力義務とされています（法36条6項）。

なお、加工方法等情報（匿名加工の方法に関する情報など）については、漏えいすると個人情報が復元されてしまい、そこから個人情報が流出するリスクが高いことから、匿名加工情報よりも厳重に保管されなければならず、努力義務ではなく、安全管理等の措置をとることが義務付けられています（法36条2項）。あわ

せて、加工方法等情報を取り扱う権限を持たない者による閲覧等を防止するとともに、加工方法等に関する情報が含まれる機器や電子媒体等の盗難等を防止する義務も課せられています（施行規則20条３号、匿名加工ガイドライン3-3-1）。

●**第三者提供をする事業者には告知義務**などがある

　匿名加工情報を第三者に提供する場合にも、本人の同意を得る必要はありませんが（同意を得ることがそもそも不可能）、一定の義務が課せられています。

　まず、提供元の事業者は、第三者に提供される匿名加工情報に含まれる個人に関する情報の項目（性別・生年・購買履歴など）と、提供の方法を公表しなければなりません（インターネットの利用も可能）。提供の方法は「業務提携による情報提供」である、または「一般販売」であるといった内容の公表です。なお、提供元が匿名加工情報の作成者である場合は、作成時に情報項目や提供方法を公表していますので、提供時の公表は不要です。

　また、提供先の第三者に対して、その情報が匿名加工情報である旨を明示することが必要です（告知義務、法36条４項）。提供を受けた第三者には照合行為禁止（法38条）などの義務が課せられます（下図）。

■ **匿名加工情報の第三者提供と義務** ……………………………………

**匿名加工情報の提供**

| 提供元 → 提供先 |

| ・相手方に匿名加工情報である事を明示<br>・提供する方法や情報項目の公表※<br>・匿名加工情報の照合行為禁止<br>・安全管理、苦情受付の努力義務 | ・匿名化に係る識別情報取得禁止<br>・匿名加工情報の照合行為禁止<br>・安全管理、苦情受付の努力義務 |

※提供元が匿名加工情報の作成者である場合は不要（作成時に公表しているため）

**Q28** 加工が不十分だった場合や匿名加工情報を第三者に漏えいした場合には、個人情報取扱事業者はどんな責任を追及されるのでしょうか。

**Answer** 本人から利用停止請求や、民事上の損害賠償責任を追及されるおそれがあります。

　適切な加工がなされているからこそ、第三者への提供時や第三者からの受領時に本人の同意を得る必要がなくなるため、匿名加工が個人情報保護委員会の定める基準（匿名加工ガイドラインの定める基準）に満たない場合には、相応のリスクが生じます。

　当然のことながら、個人情報保護委員会の定める基準に満たない匿名加工がなされた情報は、通常の個人データ（個人情報）として取り扱うべきものとなります。このとき、本人の同意を得ることなく第三者に提供するのは、原則として個人情報保護法に違反します。仮に不十分な匿名加工情報を取得した第三者が本人に対してダイレクトメールなどを郵送した場合、本人としては、提供元や提供先の企業に対して、第三者提供に関する違反を理由とする利用停止等請求（116ページ）だけでなく、場合によっては民事上の損害賠償請求も行うことになるでしょう。

　なお、匿名加工情報が漏えいしたとしても、特定の個人に損害が生じるということは通常あり得ません。このことから、匿名加工情報の漏えい自体を罰する規定は存在しません。ただし、元の個人情報に復元されたり、識別作業が行われる可能性が絶対にないとは言い切れません。重要な情報として安全に管理していくことは徹底しなければなりません。

# 匿名加工情報取扱事業者とはどのような事業者をいい、どんな義務が課せられているのでしょうか。

匿名加工情報データベース等を事業のために作成・利用する事業者をいい、公表や照合禁止などの義務を負います。

　匿名加工情報を含む情報の集まり（匿名加工情報データベース等）を事業のために作成・利用する事業者を匿名加工情報取扱事業者と呼びます（法2条10項）。匿名加工情報を受領した者は匿名加工情報取扱事業者となります。また、匿名加工作業を行った提供元が、その匿名加工情報を自ら利用する場合、個人情報取扱事業者であるとともに、匿名加工情報取扱事業者にも該当します。なお、最初から匿名性のある情報を入手して自ら利用する場合、その情報は匿名加工情報にはあたりません。

　匿名加工情報取扱事業者には、匿名加工情報の第三者提供をする際、提供する個人に関する情報の項目や提供の方法を公表する義務が課されています（法36条4項）。また、提供先である相手方に対し、その情報が匿名加工情報である旨を明示することが必要です（法36条4項）。他方、提供先・提供元のいずれの匿名加工情報取扱事業者も、匿名加工情報の作成時に削除された個人情報や匿名加工方法の情報を取得することや、匿名加工情報を他の情報と照合する行為をすることが禁止されます（法38条）。さらに、安全管理に必要な措置や苦情処理のための措置などを講じた上で、措置の内容を公表することに努める義務があります（法39条）。

**匿名加工情報取扱事業者は、匿名加工情報についてどのような安全管理措置を採る義務を負うのでしょうか。**

削除した記述等や加工方法に関する情報の漏えいを防止する義務等を負います。

匿名加工情報は、復元・識別が行われてしまうと、個人を特定できる「個人情報」に戻ってしまう危険性があります。そのため、匿名加工情報を作成した個人情報取扱事業者には、①匿名加工情報の作成に用いた個人情報から削除した記述等や個人識別符号と、②加工方法に関する情報が、外部に漏れないようにするための安全管理措置を講じる義務が課せられています（法36条2項）。

具体的には、①②の情報が漏えいした場合の復元リスクの大きさを考慮し、①②の情報の量・性質などに応じた管理措置が求められています（匿名加工ガイドライン3-3-1）。①②の情報が漏れてしまうと、個人情報の漏えいと変わらない影響が生じますので、個人情報を管理するのと同程度の安全管理措置を講じることになります。

また、自ら匿名加工情報を取り扱うときには、当該匿名加工情報を他の情報と照合することが禁止されています（法36条5項）。

これに対して、保有する匿名加工情報が自ら作成したものではない場合は、匿名加工情報取扱事業者としての安全管理措置を講じる努力義務があります（法39条）。もっとも、「事業の性質、匿名加工情報の取扱状況、取り扱う匿名加工情報の性質・量等に応じて、合理的かつ適切な措置を講ずることが望ましい」（匿名加

工ガイドライン3-3-2）という受身的な姿勢が求められているにとどまります。

　したがって、匿名加工情報取扱事業者の安全管理措置については、個人情報と同程度の内容が求められるわけではありませんが、ひとつの目安として、個人データの安全管理、従業者等の指導・監督、そして苦情の処理において求められる措置が参考になります。その中から、取り扱う業務の質や量に応じて、必要十分な措置を講じることになります。

　また、匿名加工情報取扱事業者は、匿名加工情報を取り扱う上で、当該匿名加工情報が作成される際に用いられた、個人情報に関する本人を識別するための様々な情報等のうち、削除された記述や個人識別符号等の加工方法に関する情報を取得等して、当該匿名加工情報と照合（識別行為）してはいけません（法38条）。もっとも、匿名加工情報を個人と関係のない気象情報や交通情報等と組み合わせて、それらの傾向を統計的に分析することは、識別行為にはあたりません。識別行為の典型例としては、すでに保有している個人情報と匿名加工情報について、共通する記述等を選別の上、照合することなどが挙げられます（匿名加工ガイドライン3-6）。

### ■ 匿名加工情報に関する安全管理措置 ……………………………

**匿名加工情報を作成した個人情報取扱事業者の安全管理措置における義務**

- ① 匿名加工情報の作成に用いた個人情報から削除した記述等や個人識別符号の漏えいを防止する義務
- ② 加工方法に関する情報が外部に漏れないようにするための安全管理措置を講じる義務

**作成者以外の匿名加工情報取扱事業者の安全管理措置における義務**

- ① 個人データの安全管理、従業者等の指導・監督、苦情の処理のための措置（努力義務）
- ② 識別行為の禁止

# Question 31 匿名加工情報取扱事業者に課される義務と個人情報取扱事業者に課される義務との違いについて教えてください。

**Answer** 匿名加工情報を第三者に提供する場合、本人の同意は不要である等の違いがあります。

　両者は取り扱う情報の重要性が異なることから、様々な違いが見出されます。とくに違いがあるのは次の2つです。

### ① 第三者提供

　個人データ（個人情報データベース等を構成する個人情報）を第三者に提供する場合は、原則として本人の同意が必要とされるのに対して、匿名加工情報を第三者に提供する場合は、本人の同意は不要になります。匿名加工情報は本人の特定ができず、同意を得ることができないからです。その一方で、匿名加工情報取扱事業者（提供元）が匿名加工情報を第三者（提供先）に提供する場合、その第三者に対して匿名加工情報であることを明示する義務が課されています。また、提供元には情報に含まれる個人に関する情報項目や提供方法を公表する義務が課されています。さらに、提供元と提供元の双方に照合禁止義務が課されています。

### ② 安全管理措置

　個人情報取扱事業者に対しては、取り扱う個人データの漏えい・滅失・毀損の防止等に向けての安全管理措置を講じる義務が課されています。一方、とくに匿名加工情報を作成した個人情報取扱事業者に対しては、削除した個人識別符号や加工方法等情報などの安全管理措置を講じる義務が課されています。

# 第3章

# 個人情報の取扱い

個人情報を利用する上で注意しなければいけないこととして、個人情報保護法にはどのような規定があるのでしょうか。

利用目的の特定・公表や個人データの正確かつ安全な管理が必要です。

　個人情報保護法は、事業者が個人情報の利用によって得る利便を認めながら、利用される側の本人の利益や権利を損なわないような利用を推進することを求めており、そのために必要な義務として「利用目的の特定」を挙げています（法15条）。

　利用目的を特定する際の表現方法については、経済産業省が定めていた経済産業分野ガイドライン（平成29年5月30日廃止）において「最終的にどのような目的で個人情報を利用するかを可能な限り具体的に特定すること」を求めていました。これを引き継いで、通則ガイドラインでも「最終的にどのような事業の用に供され、どのような目的で個人情報を利用されるのかが、本人にとって一般的かつ合理的に想定できる程度に具体的に特定することが望ましい」と定めています（通則ガイドライン3-1-1）。

　たとえば、「事業活動に用いるため」「サービス向上のため」「マーケティング活動に用いるため」などのあいまいな表現では、利用目的の特定が不十分であると判断されます。そのため、「○○事業における商品の発送、関連するアフターサービス、新商品・サービスに関する情報のお知らせのために利用いたします」「ご記入いただいた氏名、住所、電話番号は、名簿として販売することがあります」のように、対象となる個人情報の本人が、ど

のように情報が利用されるのかを明確にイメージできるような状態で特定することが必要です。つまり、利用される具体的な事業が明示されていなければ、利用目的を特定したとは認められないことになります。

　また、事業者が後に第三者提供をするのを想定して個人情報を取得する場合には、利用目的の中で、第三者に提供することもあわせて示さなければなりません。さらに、個人情報が利用される本人の権利・利益を保護するという観点からは、事業活動の特性、規模・実態に応じて、たとえば事業において関わる顧客の種類ごとに、異なる利用目的を限定して示したり、または本人の選択によって利用目的の限定ができるようにするなど、本人にとって利用目的が明確になるような工夫を施すことが、事業者に望まれています。

　通常は業種のみでは抽象的すぎると思われますが、定款等の規定から事業内容が明白であって、個人情報の利用目的が予想できる程度に特定されている場合には、業種を明示することで足ります。

## ■ 個人情報の取扱いの注意点 ………………………………………

① 利用目的を特定しなければならない

② 利用目的に沿った項目のみを取得しなければならない

③ 取得に際しては利用目的を通知・公表しなければならない

④ 適正な手段によって取得しなければならない

⑤ 情報の取扱管理者を定めなければならない

⑥ 保管場所や保管方法、利用期限を定めなければならない

# 個人情報の利用目的を変更することが許される場合があるのでしょうか。

「関連性」があると認められる範囲内においては、利用目的を変更することができます。

利用目的の内容については、公序良俗や法令に反するものが除外されることは当然ですが、個人情報保護法上はとくに明確な制限はなく、幅広い用途に個人情報を利用することが認められています。

しかし、一度利用目的を特定すると、原則としてその特定した利用目的と「関連性」があると認められる内容を超えて、利用目的を変更することができなくなります（法15条2項）。

この点、改正前の規定では「相当の関連性」があると認められる場合にのみ、利用目的の変更が可能でした。しかし、どのような状況を想定しているのかが明確でなく、利用目的の変更はあまり行われていませんでした。取得した個人情報を新しいサービスで活用したいとのニーズに応えるために改正が行われましたが、改正の影響は今後の動向を見守る必要があります。なお、「関連性」があると認められるには、本人が通常予期し得る限度の範囲内の変更であることが必要です（通則ガイドライン3-1-2）。つまり、変更前後において、利用目的を比較して変更の予期できる範囲を指し、これは本人の主観等ではなく、一般人を基準に判断します。実際に利用目的を変更する際には、本人が変更後の内容などを十分知ることができるよう、適切な方法で行うことが重要です。

# 取得した個人情報について利用目的を超える取扱いが認められるのはどのようなケースなのでしょうか。

法令に基づく場合の他、いくつかの緊急の場合には、利用目的を超えて個人情報を利用することが可能です。

個人情報取扱事業者は、あらかじめ本人の同意を得ないで、特定された利用目的を達成するために必要な範囲を超えて、個人情報を取り扱うことが禁止されています（法16条1項）。この規定は、企業が本人の許可なく個人情報を利用目的外で取り扱うことを禁じるものです。本人が「全く知らない会社から訪問販売を受ける」「不要なダイレクトメールを送付される」といった不利益を受けないようにすることを目的としています。

しかし、以下の4つの場合は、本人の同意なく利用目的を超えた個人情報の取扱いが認められます（法16条3項）。なお、個人情報取扱事業者が合併、分社化、事業譲渡などで個人情報を取得した場合で、以前の利用目的を継承する範囲で個人情報を利用するときは、本人の同意を得る必要はありません（法16条2項）。

① **法令に基づく場合**

裁判所が発する令状（逮捕状など）、税務関係の調査に対応する場合などがこれにあたります。

② **人の生命、身体または財産の保護のために必要がある場合であって、本人の同意を得ることが困難であるとき**

急病、事故などで本人の意識がないが、手術同意書への署名が

必要である場合などがこれにあたります。また、ある事業者が制作した製品について、人の生命・身体に危害を及ぼす危険がある場合には、購入者等の情報について、購入者等の同意を得ているか否かにかかわらず、販売事業者等が、事業者に対して購入者等の情報を提供することを求めることができます。

③　公衆衛生の向上または児童の健全な育成の推進のためにとくに必要がある場合であって、本人の同意を得ることが困難であるとき

疫病情報の提供、問題行動のある児童生徒の情報を関係機関で共有し、対処する必要がある場合などがこれにあたります。

④　国の機関や地方公共団体またはその委託を受けた者が法令の定める事務を遂行することに対して協力する必要があるときであって、本人の同意を得ることにより当該事務の遂行に支障を及ぼすおそれがあるとき

企業などの事業者等が、税務署の職員等の任意調査に対し、個人情報を提出する場合などがこれにあたります。

### ■ 利用目的を超えて個人情報を取り扱うことが許される場合 …

| 個人情報の取扱い ⇒【原則】利用目的を超えて利用することはできない |
|---|

| 例外 | ① | 法令に基づく場合 |
|---|---|---|
| | ② | 人の生命・身体、財産の保護のために必要で本人の同意を得ることが困難なとき |
| | ③ | 公衆衛生の向上・児童の健全な育成の推進のために必要で、本人の同意を得ることが困難なとき |
| | ④ | 国・地方公共団体等から委託を受けた事務を遂行する上で必要があり、本人の同意を得ることにより当該事務の遂行に支障を及ぼすおそれがあるとき |

# 利用目的を本人に通知・公表することは個人情報取扱事業者の義務なのでしょうか。

情報の取得前後で通知・公表することが原則ですが、例外的に公表・通知を行わなくても許される場合があります。

　個人情報取扱事業者は、特定した利用目的を個人情報の取得前に公表するか、または取得後速やかに本人に通知または公表することが義務付けられています（法18条1項）。通知や公表の方法について具体的な規定はありません。そこで、本人に対してより確実に知らせることができる方法を選択すればよいことになりますが、「個人情報を取得する場合、あらかじめその利用目的を公表していることが望ましい」といえます（通則ガイドライン3-2-3）。

　公表とは、不特定多数の人に広く自分の意思を知らせることを指します。たとえば、チラシを掲示板に掲示する、パンフレットを配布する、インターネットのホームページ上に見やすく掲載する、などの方法があります。また、「医療・介護関係事業者における個人情報の適切な取扱いのためのガイダンス」（厚生労働省・個人情報保護委員会）では、医療・介護の事業者に対して、問診票や健康保険証を提出する時に本人が認知できるよう、利用目的を院内や事業所内に掲示することを義務付けています。

　事前の公表を行っておらず、本人に利用目的を通知する際には、直接本人に伝えることができる方法（書類の手渡し、電話、FAX、郵便、メールなど）をとらなければなりません。

さらに、商品の売買、アンケート用紙への回答、ホームページ上での懸賞応募の受付などのように、本人から直接書面（電磁的記録を含む）に記載された個人情報を取得する場合は、利用目的を本人に明示することが求められています（法18条2項）。「本人に明示」とは、通知と似ていますが、直接伝えることまでは要求されておらず、契約書上に明記する、個人情報を入力するサイト画面に明示するなど、本人が容易に認識できる状態に示しておくことを指します（通則ガイドライン3-2-4）。

　なお、以下のいずれかの事情が生じる場合は、個人情報の取得前の公表、または取得後の本人への通知・公表を行っていなくても、個人情報保護法違反にはなりません（法18条4項、通則ガイドライン3-2-5）。

① **本人または第三者の生命、身体、財産その他の権利利益を害するおそれがある場合**

　子どもに虐待を行う父親の個人情報を取得し、被害防止を図っている場合などがあてはまります。

② **個人情報取扱事業者の権利または正当な利益を害するおそれがあるとき**

　商品開発技術やノウハウなど企業秘密が露呈される可能性がある場合などがあてはまります。

③ **国の機関・地方公共団体が法令の定める事務を遂行するために協力する場合に、事務の遂行に支障をきたすおそれがあるとき**

　市役所などが非公開の犯罪捜査で警察から個人情報の提供を要求された場合などがあてはまります。

④ **取得状況から見て利用目的が明らかであると認められるとき**

　商品やサービスの販売にあたって、その提供に用いるため、顧客の住所・電話番号などの個人情報を取得する場合などがあてはまります。

# 個人データの正確性を維持する努力をするために、どのような措置をとる必要があるのでしょうか。

入力した個人情報の確認画面を表示したり、誤った情報の変更・訂正等の方法を明確にしておく等が挙げられます。

　個人情報保護法は、偽りその他不正の手段により個人情報を取得することを禁じていますが（法17条1項）、それに加えて個人データ（35ページ）を正確かつ最新の内容に保つ努力をするよう求めています（法19条）。誤った情報を利用して事業活動や第三者提供などが行われることで、本人が多かれ少なかれ被害を受ける可能性が高いからです。しかし、膨大な件数のある個人データを常に最新の状態に保つことは難しく、大変な労力を伴います。このような現実面を考慮した上で、利用目的を達成するために必要な範囲内での努力義務として規定しています。

　個人データの正確性を維持する努力をするために取るべき措置としては、①ホームページ上で個人情報を入力する際に入力内容の確認画面を1回以上表示する、②事業者が保有する個人データの中に本人が誤りを見つけた場合の訂正等（訂正・追加・削除）の方法を明確にする、③定期的に内容の再登録または確認をしてもらう、などが考えられます。また、最新の内容に保つとは、保有する個人データを常に最新化する必要はなく、利用目的に応じて必要な範囲内で正確性・最新性を確保すれば足ります（通則ガイドライン3-3-1）。

 取得して保有している個人データについて消去する必要があるのは、どのような場合なのでしょうか。

 利用目的がなくなったり、利用目的であった事業が消滅した場合にデータを消去する努力義務が課されています。

　改正前の個人情報保護法では、個人情報取扱事業者に対して、個人データの正確性を確保する努力義務が課せられていました（法19条）。一方、利用目的がなくなった後も、事業者が個人データを持ち続けることに関する規制は置かれていませんでした。そのため、利用目的がないのに自己の個人データを持ち続けている状態を阻止する手段がありませんでした。しかし、情報技術が進展した現在では、容易に個人データを保有し続けることが可能になったため、歯止めとしての規定が必要と考えられるようになりました。

　平成27年改正では、個人情報取扱事業者に対して、利用する必要がなくなった個人データを消去する努力義務が追加されました（法19条）。たとえば、個人データを保有する合理的理由がなくなった場合や、個人データを利用する事業自体が中止になった場合に、消去の努力義務が課せられます（通則ガイドライン3-3-1）。しかし、努力義務にとどめられていますので、改正後も自己の個人データを持ち続けている状態を阻止することは難しいといえます（保有個人データの利用停止等の請求によって消去させる余地はあります、121ページ）。

個人情報について安全管理措置がとられていない状態とはどのような状態を指すのでしょうか。

公開が予定されていない個人データについて不特定多数の人物がアクセス可能な状態などをいいます。

　個人情報取扱事業者の重要な義務のひとつに、取り扱う個人データの安全管理のための措置をとることが挙げられます。安全管理措置を行わずに個人データを利用した場合、外部へのデータ流出に対する対策が何もないことになり、非常に危険です。流出時にもたらされる被害は、個人データの本人はもちろん周辺の家族、親族、勤務先、関連企業、そして個人情報取扱事業者自身まで、広範囲かつ重大になるおそれがあります。これを阻止するための土台として、個人情報保護法は「取り扱う個人データの漏えい、滅失又は毀損の防止その他の個人データの安全管理のために必要かつ適切な措置」を講じることを求めています（法20条）。

　そして、必要かつ適切な安全管理措置がとられていない状態とは、公開を前提としていない個人データが不特定多数の人物のアクセスが可能なホームページ上に公開されたままの状態や、CD-Rなどに保存している個人情報データベース等のバックアップデータを社員が何の制限もなく持ち出すことができる状態等を指すと考えられています。また、企業の組織変更等があった場合、忘れずに以前にアクセス権限を持っていた部署等のアクセス権限を制限しなければなりません。

**個人データに対してなぜ安全管理措置をとる必要があるのでしょうか。**

意図的であるか否かを問わず個人データが外部へ漏れる（盗用、紛失、流出する）ことを防ぐことが最大の目的です。

　安全管理措置を行う最大の目的は、個人データ（個人情報データベース等を構成する個人情報）が外部へ漏れることを防ぐことが挙げられます。外部へ漏れるとは、個人データを組織内部の関係者が意思を持って外部へ持ち出す「盗用」、故意または過失によって個人データを失う「紛失」、コンピューターウイルスやスパイウェアなどによって個人データが外部に持ち出される「流出」などのことを指します。

　このような事態を防ぐため、様々な安全管理措置を行う必要があります。まずは、会社内で個人データを保護するための方針を打ち出し、組織を導入します。そして、個人データを扱う関係者やそれ以外の従業員に対して安全管理措置に関する周知や教育を徹底し、容易に持ち出しができない体制やシステムを導入します。また、パソコンを利用してデータの管理を行っている場合は、コンピューターウイルス対策もとっておく必要があります。

　このように、万全な管理体制を敷くことで、内部の犯行や事故を防止することができます。とくに、データベースの盗用は平成27年改正で新設された「個人情報データベース等提供罪」に該当し、盗用を行った者が処罰対象となることに加え、万全な管理体

制を敷かなかった会社側にも民事上の損害賠償責任が問われることになります。また、個人データにまつわる危険性には、データを誤って消去してしまう「滅失」「き損」などの行為もあります。これらは、ずさんな管理体制や作業管理を怠っている場合に発生する可能性があります。したがって、個人データを扱う作業を確実に洗い出した上で、作業記録をとるなどの方法で安全管理措置を講じなければなりません。

なお、個人情報を含むデータの流出は、実際にそのデータ等を運用している場合にのみ気をつけていれば、防げるわけではないということにも注意が必要です。というのも、事業者が業務を運営していく上で、個人情報を含むデータ等を扱う場合には、意識的に情報の漏えい等に対する危機管理が強く働くものと考えられます。しかし、当該情報等を用いる業務が終了した後は、含まれる個人情報の重要性は変わっていないものの、おのずとその管理の程度は弱まらざるを得ないといえます。そのため、改正個人情報保護法では、安全管理措置を規定するとともに、すでに利用目的が終了した個人データの消去等に関する規定を新設し（法19条）、利用した後に漏えいするリスクに対しても、一定の措置を用意しているという特徴があります。

### ■ 安全管理措置をとる目的 ……………………………………………

 個人データを
含む情報 → 扱う上でもっとも注意が必要なのが
外部への情報流出

| 安全管理措置の規定 | 利用目的終了後の消去等 |
|---|---|
| ・組織的安全管理体制の整備<br>・人的・物理的・技術的安全管理<br>　措置を講じる<br>　　　　　　　　　　　　　　など | ・利用目的消滅後の個人データの<br>　取扱いについて<br>　⇒消去に関する努力義務規定<br>　　　　　　　　　　　　　　など |

# 企業が扱う個人データについて安全管理体制を導入しようと考えている場合、どのような手順を踏む必要があるのでしょうか。

現時点での状況や問題点を把握し、基本方針を打ち出し、改善するのに適切な安全管理措置を実施する必要があります。

企業が個人データ（個人情報データベース等を構成する個人情報）を扱う場合、前述のような安全管理体制を取る必要があります。しかし、実際に安全管理体制を導入する場合、まず何から行えばよいかがわからない場合が多くあります。ここでは安全管理体制の導入方法を、以下の手順で段階を追って説明していきます。

① 現時点での状況を把握する

会社の現状がわかっていない状態では、新しい安全管理体制を導入することができません。そこで、実際に扱っている個人データがどのようなもので、何に利用しているのかをまず洗い出します。次に、個人データを従業員などから取得する方法、現在の安全管理体制、個人データの廃棄（消去）の方法もチェックします。そして、どのくらいコストがかかっているかも重要なポイントです。様々な観点から現時点での状況を把握したところで、運用の内容を客観的に分析していきます。

② 現体制の問題点を洗い出す

前段階で現状を把握し分析した後に、現在の安全管理体制における問題点を洗い出します。個人データを含む情報が流出するリスクや、導入しているシステムの弱点部分、管理部署の連携に関

する問題点などが挙げられます。たとえば、事業所内部の取り決めにおいては、個人データに対するアクセス権の制御が実施されておらず、アクセスが許可されていない従業員等が個人データを入手して、容易に漏えいしかねないような、極めてずさんな管理体制となっているかもしれません。あらゆる危険性を想定することで、後に導入する安全管理措置が盤石なものとなります。

### ③ 基本方針を打ち出す

弱点が明らかになったところで、今後行っていく安全管理措置の基本方針を明らかにします（通則ガイドライン8-1）。まずは基本方針の内容を決定することです。基本方針がすでに設けられている場合は、改善すべき点がないかを検討します。次に、個人データを保護するための取扱規程を設け、安全管理措置として行う具体的な内容や導入後のイメージを固めます。

### ④ 安全管理措置の実施

基本方針と取扱規程が明確になったところで、実際に安全管理措置を実施します。通則ガイドラインで掲げられている4つの安全管理措置（組織的・人的・物理的・技術的）をもとに、事業者・従業員の全体で取り組むことが考えられます（通則ガイドライン8-2）。

### ⑤ 安全管理措置の実施記録や定期的な点検・監査

安全管理措置は、一回実施すればよいというものではなく、状況に応じて随時改善を続けていく必要があります。そこで、現在実施している安全管理体制をよりよいものとするため、現状の記録をとり、改善の参考資料とします。そして、定期的に点検や監査を実施することで、管理体制の弱点や改善ポイントを明らかにしていきます。

# Q10 Question ガイドラインに記載されている安全管理措置には具体的にどのような措置があるのでしょうか。

 4つの要素について安全管理体制を整備する必要があります。

個人情報取扱事業者である会社には、入手した従業員・顧客・取引先などの個人データを様々な危険から守るための「安全管理措置」をとる義務が課せられています。しかし、安全管理措置といっても、具体的に何から行えばよいのかがわからない場合が多くあります。このような事態に備え、通則ガイドラインでは、個人情報取扱事業者が行わなければならない安全管理措置として、①組織的安全管理措置、②人的安全管理措置、③物理的安全管理措置、④技術的安全管理措置の4つの要素を示しています。これは経済産業分野ガイドラインで示されていた4つの要素を引き継いだものと考えられます。

通則ガイドラインには、4つの要素にまつわる具体的な対策法が記載されています。具体的な対策法の実施については、記載内容のすべてを網羅しなければ当然に違法となるものではありません。しかし、個人データが漏えいした場合には、個人情報取扱事業者としての安全管理措置の内容が問われることになり、管理体制に不備が見受けられたときは法的責任を問われる可能性があります。したがって、具体的な対策法を参考にした上で、厳重な管理を行うことが必要です。

　以下では、4つの要素それぞれの具体的な内容について説明し

ていきます。なお、公開されないことを前提とする個人データが、個人情報取扱事業者のウェブサイト上などで、不特定多数者がアクセス可能な状態で、個人情報取扱事業者が放置していることがあります。この場合には、個人データの取扱方針が整備されておらず、安全管理措置が不十分であると判断されます。

### ① 組織的安全管理措置

安全管理措置を講じるための、事業者側の組織体制の整備を求めるものです。個人データの取扱い状況を確認するための手段を整備しなければならないと定めるとともに、万一の漏えい等が発生した場合等に備えて、適切かつ迅速に対応するための体制の整備を求めています（通則ガイドライン8-3）。

### ② 人的安全管理措置

人的安全管理措置とは、主に従業員等に対する個人情報取扱に関する指導・監督を内容とするもので、従業者に対して個人データの適正な取扱いを周知徹底して、そのために必要な教育を行うことを義務付けています（通則ガイドライン8-4）。

### ③ 物理的安全管理措置

個人情報取扱事業者に対して、個人データ等を扱う機器等に対する物理的な管理を求めるものです。具体的には、個人情報データベース等を取り扱うコンピュータ等の情報システムを管理する区域（管理区域）などを適切に管理するとともに、取り扱っている機器や書類等が盗難・紛失等することを防ぐ措置を義務付けています（通則ガイドライン8-5）。

### ④ 技術的安全管理措置

個人情報取扱事業者は、個人情報を含む担当者が増えることにより、外部等への漏えいの危険性が高まることから、情報にアクセスできる従業者を制限し、正当なアクセス権を有する従業者を識別するしくみを整えることが求められます。また、昨今は外部

からの不正アクセスも問題になっており、適切なウイルス対策等を行うことで、情報への不正アクセスから保護する体制を整えなければなりません（通則ガイドライン8-6）。

なお、以上の①から④までの安全管理措置に関しては、原則として個人情報を扱うすべての事業者が採るべき措置です。しかし、とくに中小企業については、平成27年改正があるまで個人情報取扱事業者に含まれていなかったため、以上の措置は大きな負担になりかねません。そこで、通則ガイドラインでは、中小規模事業者（従業員数100人以下の個人情報取扱事業者）に関しては、取り扱う事業の規模・実態、そして取り扱う個人データの内容や量などに合わせて、適切な措置を講じればよいと記載しており、事業者に一律に義務を課すのではなく、事業運営の継続を保護しています。

また、改正個人情報保護法では、特定の個人が特定されることがないように加工された、匿名加工情報に関する規定が整備されました。個人情報（個人データを含む）と匿名加工情報の取扱いは異なることから、個人情報保護委員会は匿名加工情報の取扱いに関しては、匿名加工ガイドラインを別途用意しています。

### ■ 安全管理措置の4つの要素 ·······························

| ①組織的安全管理措置 | ②人的安全管理措置 |
|---|---|
| 事業者側の安全管理体制の整備 | 従業員等への教育　など |
| ③物理的安全管理措置 | ④技術的安全管理措置 |
| 機器等の管理 | アクセス権の制限・ウイルス対策　など |

個人情報取扱事業者

## 事業者が行う組織的安全管理措置とは具体的にどのような措置をいうのでしょうか。

事業者内部で責任者を決め、安全管理に対するマニュアルを作ること等を指します。

　個人情報取扱事業者が、安全管理措置について従業者の責任と権限を定めた上で、安全管理に関する規程やマニュアルを作り、組織全体で運用しながら常に安全管理実施の状況を確認していくことをいいます。なお、従業者とは「直接間接に事業者の指揮監督を受けて事業者の業務に従事している者」を指し、正社員・臨時社員を問わず、取締役・理事などの役員も含みます。

　組織的安全管理措置を行うために必要な方法として、個人情報取扱事業者としての安全管理措置に対する基本方針を明確にする必要があります。最近は、コンプライアンス（法令遵守）施策の一環として、自社のホームページ上で「プライバシーポリシー」「個人情報保護方針」などを記載している場合がよくあります。

　具体的な内容は、①個人情報保護法を守って適正に個人情報を扱うこと、②利用目的を明確にすること、③訂正・削除・苦情などを申し出る連絡窓口を知らせることなどが挙げられます。基本方針を明らかにすることで従業者に情報保護の重要性を再認識させるとともに、顧客からの信頼度を高める効果が期待できます。

　次に、基本方針に沿った社内体制を確立させます。安全管理のために必要となる組織や担当者を定め、組織内の命令系統や報告体制を万全にしていきます。個人情報保護管理者（CPO）や部

署ごとの責任者、監査責任者の設置、個々の従業者の情報利用権限の明確化なども重要です。また、すべての従業者が守るべき役割と責任を明確にした内部規程やマニュアルも作成します。

しかし、どんなに組織体制を強化したとしても、それを運用するのが人間である以上、ミスや故意による違法な取扱いをゼロにすることは困難です。そこで、情報漏えいなどの事故が発生した場合に備えておくことも必要になります。情報漏えい等の事案が発生した場合、適確に事実関係を把握する必要があるとともに、迅速な収束が肝要ですので、連絡系統が不明確であることは命取りになります。具体的には、①情報漏えいが発生した場合（情報漏えいのおそれが発覚した場合を含む）の責任者への報告連絡体制の整備、②個人情報の本人に対する報告連絡体制の整備、③情報漏えいの事実を確認するための調査体制の整備、④被害拡大を防止するためのマニュアルの作成、⑤情報漏えいなど違反行為を行った従業者に対する懲戒規程の作成などが挙げられます。

なお、情報漏えいへの対応については、個人情報保護委員会が公表している「個人データの漏えい等の事案が発生した場合等の対応について」という告示が参考になります。

### ■ 組織的・人的安全管理措置

| 組織的安全管理措置 | 人的安全管理措置 |
| --- | --- |
| ①個人データの安全管理措置について、組織体制の整備、規程の整備、規程に従った運用をする | ①雇用や委託の契約時において、個人データの非開示契約を締結する |
| ②個人データの取扱い状況を一覧できる手段を整備する | ②従業員に対して、個人データの取扱いについての教育・訓練を実施する |
| ③個人データの安全管理措置の評価、見直し、改善を図り、事故や違反に対処する | |

# 人的安全管理措置とは具体的にどのような措置をとることを指すのでしょうか。

 従業者に対して行う個人データの安全管理に関する啓発や教育・訓練等や必要な契約を結ぶことをいいます。

　従業者に対し、個人データの取扱い関する契約を結ぶことや、安全管理についての啓発や教育、訓練などを行うことをいいます。

　まず、従業者（在宅ワーカーを含む）と雇用契約などを締結する段階で「秘密保持契約」などを用いて、個人情報の取扱いに関する契約（業務上秘密と指定された個人データの非開示契約）を結ぶことが求められます。この際、自宅で作業を行う在宅ワーカーなどとの間でも秘密保持契約を結ぶ必要があります。次に、従業者に対して安全管理措置の内容を周知させます。注意点や取るべき行動などを教育し、個々の安全管理に対する意識を高めていく方法が挙げられます（通則ガイドライン8-4）。

　具体的には、①社内に安全管理に関する掲示をする方法や訓辞などで再確認する方法で日常的な啓発を行う、②定期的に研修会を開いて内部規程やマニュアルを確認する、③データベース操作など安全管理に必要な技術の習得について訓練する、④実際に認識が浸透しているかを確認する試験を実施する等が挙げられます。

　また、個人情報取扱事業者には、従業者がこれらの安全管理体制を理解しているか、または内部規程やマニュアルを守っているかなどをチェックする必要性が求められています。

# 13 Question 物理的安全管理措置として、事業者は具体的にどのような措置をとる必要があるのでしょうか。

**Answer** 個人データの保管場所への入退室の管理や、情報が記録された機器の盗難防止、防犯カメラの設置等が必要です。

．．．．．．．．．．．．．．．．．．．．．．．．．．．．．．．．．．．．．．．．．．．．．．．．．．．．

物理的安全管理措置とは、個人データの所在場所への入退室（館）の管理や、個人データを保存している物（ファイル、外部記憶装置など）またはパソコン内のデータの盗難の防止などの措置を行うことをいいます（通則ガイドライン8-5）。

一般に情報の盗難、漏えいの手口は、コンピュータのサーバーに侵入するハッカーのような高度の技術が必要なものから、机の上に無造作に置かれた情報をのぞき見するというような簡単な手口まで様々です。これらの手口の中には、情報そのものの管理方法を少し変えるだけで防止できるものも多くあります。たとえば、壁や仕切りを設置したり、より容易な方法として席の配置等を変えるだけで、のぞき見防止には十分な場合があります。

具体的な措置としては、①個人データを取り扱う部屋（建物）を物理的に他の部屋（建物）に比べて、厳重に保護された室内（建物内）に限定して、パスワード・カードキーなどのセキュリティを施して保護する空間を絞り込む方法、または、他の室内（建物）との行き来が可能な構造を採用している場合には、個人データを取り扱う室内（建物）の入・退室等の記録を徹底して、個人データを取り扱う人や業務等を、後から検証可能な方法で管理を

実施する等が挙げられます。また、②机の上に名刺や個人データを記載したファイルを放置することを禁止する方法も有効です。

　その他、③個人データを取り扱う業務に従事している最中に、途中で離席する際などに、個人データを記した書類の他、媒体等について、机上等に放置したままにしておくことを社内規程等により禁止事項に定めておく方法もあります。また、個人データを取扱っているパソコン等の画面をそのままにした状態で、席を空けることなく、他者からののぞき見を防止するためにパスワードつきのスクリーンセーバーを導入する方法も考えられます。さらに、④ファイルを収納する棚や引き出しの鍵を管理者の許可なく使えないようにするなどの日常的な管理方法もあります。いざという時に備え、⑤防犯カメラを設置することも効果的です。

　なお、情報漏えいの危険性は、地震や火事、津波などの自然災害が原因で発生する場合があります。たとえば、サーバー上で個人データを管理している場合は、災害で停電が起こった際にすべてシャットダウンされてしまう危険があります。このような事態に備え、データの保存先の場所確認やバックアップデータの管理まで、自然災害を想定した管理が求められます。

### ■ 物理的・技術的安全管理措置 ················································

| 物理的安全管理措置 | 技術的安全管理措置 |
|---|---|
| ①入退室の管理を実施する<br>②盗難などを防止する<br>③機器・装置などを物理的に保護する | ①個人データへのアクセスについて、識別と認証、制御、権限の管理を行う<br>②個人データのアクセスを記録する<br>③個人データを取り扱うシステムについて、不正ソフトウェア対策、動作確認時の対策、監視を行う<br>④個人データの移送・送信の対策をする |

# 個人データに対する技術的安全管理措置とは具体的にどのような措置をとることをいうのでしょうか。

個人データへのアクセス時にパスワード等により制御を行ったり、情報システムの使用状況を監視する等が挙げられます。

最近では個人データ（個人情報データベース等を構成する個人情報）の取扱いにおいて、規模の小さい事業所の場合でもパソコンで顧客名簿を管理しているケースが多くあります。

しかし、単に表計算ソフトやデータベースソフトなどを使って情報を管理・使用しているだけでは、安全管理体制が万全であるとはいえません。簡単に盗難にあう場合や、ウィルスなどによってインターネット上に流出するなどの危険があります。

そこで、個人データや情報システムに対して技術的に安全管理を施す必要性が生じます。安全管理において技術的なシステムを利用することで、より強固な体制作りが可能になります（通則ガイドライン8-6）。

具体的には、①内部規程で定められた従業者のアクセス権に合わせて、個人データなどへのアクセス時にパスワードや生体認証などで制御を行う方法、②ウィルス対策ソフトを導入し、徹底した更新作業の実施やデータの暗号化を行う方法、③情報システムの使用状況を監視する体制を整えるといった方法が挙げられます。専門的な知識が必要となるため、社内に専門部署が設けられていない場合は、外部の専門業者に委託する方法も考えられます。

**15 Question** マイナンバーの管理について、個人データの安全管理との違いはあるのでしょうか。

死者のマイナンバーにも安全保護義務が課せられるのが相違点です。

マイナンバー法は、マイナンバー（個人番号）およびマイナンバーを含む個人情報（特定個人情報）を守るため、個人情報保護法の特別法として定められています。マイナンバーが個人情報に含まれることから（22ページ）、マイナンバーおよび特定個人情報を保護するためには、個人情報保護法とマイナンバー法の双方の定めを順守する必要があります。

マイナンバー法12条では、個人番号利用事務等実施者に対して、マイナンバーの漏えい・滅失・毀損の防止などの適切な管理（安全保護措置）を義務付けています。具体的な安全保護措置については、個人情報保護法の場合（通則ガイドライン）と同じく、①組織的安全保護措置、②人的安全保護措置、③物理的安全保護措置、④技術的安全保護措置の４つの要素がで示されています（特定ガイドライン）。

マイナンバーおよび特定個人情報は、それが漏えいした場合の影響がとくに大きいといえますが、特定ガイドラインと通則ガイドラインを比較しても、具体的に求められている措置はほぼ共通しています。ただし、個人情報保護法とは異なり、安全管理措置の対象には生存者のマイナンバーだけでなく、死者のマイナンバーも含まれることには注意が必要です（特定ガイドライン4-2-2）。

個人データに関する業務を外部に委託した場合に、安全管理措置については誰がどのような責任を負うのでしょうか。再委託を行うことも可能なのでしょうか。

 委託元は委託先が安全管理措置を実施していることを監督します。再委託を行うことも可能です。

　個人情報取扱事業者である企業が、利用目的の達成に必要な範囲内で、社内における業務の全部または一部を第三者に委託する際に、社内で保有する個人データを提供する必要がある場合、事前に個人データの帰属する本人の同意を得なくても、当該データを委託先に提供することができます（法23条5項1号）。

　この場合は、個人情報取扱事業者である企業（委託元）に対し、委託先が個人データを適正に利用するように監督する義務が生じることに注意が必要です（法22条）。したがって、委託先が個人データを流出させる等して、本人に損害を与えた場合には、委託先ばかりではなく、委託元もまた損害賠償義務を負うことになります。とくに、委託元が委託先に対して優越的な地位関係がある場合に、委託先のみに責任を負わせるなど、委託先に不当に過大な義務を負わせてはいけません。

　具体的な委託の方法は、外部委託を行う委託先を探す段階で、その委託先が適切な安全管理措置（組織的・人的・物理的・技術的）をとっており、個人データの取扱いを任せるに値するかを入念に検討することなどが挙げられます。委託先の選定後は、委託元と委託先との間で結ぶ委託契約において、安全管理措置を適切

に実施することを委託先に義務付けます。その上で、委託先に提供した個人データが安全に配慮した扱いを受けているかを、定期報告や監査などで把握しなければなりません（通則ガイドライン3-3-4）。

なお、マイナンバーおよび特定個人情報の場合は、委託事務終了後に「個人番号をできるだけ速やかに復元不可能な手段で削除又は廃棄する」ことが必要です（特定ガイドライン4-3-3）。個人データの場合は「遅滞なく消去するよう努めなければならない」（通則ガイドライン3-3-1）のに比べると、早急な対応が求められているといえます。

## ●再委託する場合

委託先が、委託元より任された業務の全部または一部を、別の企業へ再委託を行う場合があります。この場合、委託元は再委託先に対して、直接または委託先を介する形で、個人データや特定個人情報を適切に利用するよう監督しなければなりません。再委託先が適切な安全管理措置をとらず、個人データや特定個人情報が漏えいなどの被害を受けた場合は、再委託をした委託先だけでなく、最初の委託元も法的責任を負う可能性があります。

### ■ 個人情報に関する業務を委託した場合の安全管理措置 ………

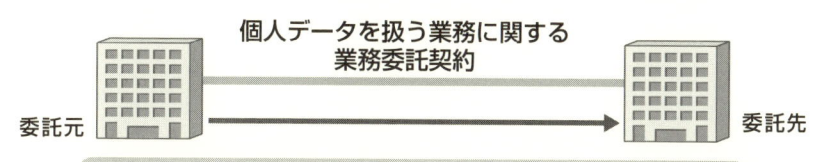

個人データを扱う業務に関する
業務委託契約

委託元　　　　　　　　　　　　　　　　　委託先

適切な安全管理措置（組織的・人的・物理的・技術的）を
採っているのかを監督する

☆ 個人データの流出等の場合、委託元も責任を負う。
☆ 委託先が適切な安全管理措置を採っていることを定期報告や
　監査などで把握しなければならない。

 最低限度の個人データの活用や管理に関するルールに従わなければなりません。

　平成27年改正では、小規模事業者についても個人情報取扱事業者として、様々な義務を課されることになりますが、事業の規模を考慮して、他の大規模な事業者に比べて緩和されています。個人情報保護法の求める義務に対応するために、事業運営に対して過大な圧迫になることも防がなければならないためです。小規模事業者が従うべきルールについて見ていきましょう。

### ① 利用目的の特定

　他の事業者と同様、他人の個人情報を取得する場合には、取得の目的を特定していなければなりません。もっとも、事業の規模に限らず、利用目的が無限定であることは不適切ですし、利用目的が明らかな場合は、とくに断ることなく取得が認められます。

### ② 取得目的以外の利用の禁止

　取得した個人情報に関しては、当初の利用目的を超えて利用することはできません。仮に、利用目的を超える場合には、本人の同意が必要ですが、この義務についても小規模事業者に過度な負担を強いるものとはいえません。

### ③ 個人情報を第三者に提供する場合の規制

　個人データ（個人情報データベース等を構成する個人情報）について適用される規制です。保有する個人データを第三者に提供

する場合、原則として本人の同意が必要ですが、小規模事業者が第三者提供を行う場合は、必ずしも多くはないため、あえてこれを行う事業者に対して一定の規制を課すことは不当とはいえません。

④　**本人からの開示等の請求への対応**

保有個人データ（個人データのうち開示等の請求に応じることができるもの、35ページ）について適用される規制です。保有個人データの本人が開示等の請求をした場合には、事業者として対応しなければなりません。また、保有個人データの本人から利用目的を問われた場合は、回答しなければなりません。もっとも、小規模事業者が取引先から個別に請求や問い合わせを受けた場合に、誠実に対応するよう求めたという程度の義務ということができます。

●**通常事業者の安全管理措置とはどこが違うのか**

個人データを保有する事業者は、その個人データについて安全管理措置を採らなければなりません。安全管理措置については、組織的・人的・物理的・技術的という4つの観点から要求されていますが（通則ガイドライン8-2）、小規模事業者に関しては、いくつかの点で要求される措置のレベルが緩和されています。

他の事業者と差がある部分を見ますと、組織的安全管理措置については、組織的体制というほど大規模なものではなく、安全管理の責任者を選定しておくことが望まれているにとどまります。物理的安全管理措置については、情報を管理している部屋や機器の限定までは要求されず、いたずらに権限外の者が情報にアクセスできない措置を講じることで足ります。技術的安全管理措置についても、高度な暗号化や認証システムを導入する必要はなく、事業の規模に応じて、パスワードの設定やウイルス対策ソフトを導入していれば義務を果たしていると判断されます（通則ガイドライン8-3、8-5、8-6）。

## Question 18

個人データを第三者に提供する場合、どのような規制に気をつける必要があるのでしょうか。

 原則として企業等が個人情報を第三者に提供する場合には、あらかじめ本人の同意を得ておく必要があります。

個人情報保護法上の第三者提供とは、個人情報取扱事業者である企業が保有する個人データを当該企業以外に渡す行為のすべてを指します。たとえば、企業が新しいビジネスに乗り出す場合、消費者等に関わる個人情報を取得することが非常に重要です。しかし、企業が独自の調査で、消費者等の個人情報を取得することは容易ではなく、企業の多くは「名簿業者」を利用します。名簿業者とは、適法に個人情報を取得した業者を指します。この名簿業者が企業に顧客等の個人データを提供する行為が「第三者提供」にあたります。

個人情報保護法は、原則として、事前に個人データの本人による同意を得ておかなければ、第三者提供を行うことはできないと規定しています（法23条1項）。第三者提供によって、個人データを取得する者（第三者）が、いかなる目的で個人情報を取得するのか、取得した個人データが適正に取り扱われるのかについて、本人の同意を得るというシステムを採用することで、個人情報を保護することが目的です。

もっとも、本人からの同意を得る手段に関しては、比較的幅広く認められています。たとえば、文書により同意を取得する方法

の他、同意は口頭で得る方法も認められています。また事業者の
ホームページ等において、同意の有無に関してチェックボックス
を設けて、これに本人がチェックを入れた場合等でも、同意を得
たものとして扱ってよいことになっています（通則ガイドライン
3-4-1）。なお、本人の同意を得なくても、第三者提供を行うこと
ができる例外規定として、以下の4つの場合が挙げられています
（法23条1項）。

---

① 法令によって第三者提供の規制の例外が規定されてい
る場合
② 本人の同意を得ることが困難な状況で、人の生命・身
体・財産を保護するためにとくに必要がある場合
③ 同様に本人の同意を得ることが困難な状況で、公衆衛
生の向上や児童の健全な育成の推進のためにとくに必要
がある場合
④ 国や地方公共団体等の事務を遂行する上で、本人の同
意を求めるとその事業の推進に支障がある場合

---

### ●委託や共同利用の場合は「第三者」にあたらない

外見上は、個人データの第三者提供を行っているように見えて
も、個人データを取得する相手方が「第三者」に該当しない場合
には、第三者提供にはあたらず、第三者提供の規制の対象から外
れます。その例として、①委託、②事業承継、③共同利用の場合
が挙げられます（法23条5項）。委託とは、データ入力や商品配
送などを業者に外注する場合を指します。事業承継とは、合併・
分社化・事業譲渡などによる事業の承継に伴って、個人データを
新会社に受け継ぐ場合を指します。共同利用とは、グループ企業
内などで個人データを共同で利用する場合を指します。

# 個人データを第三者に提供する場合に利用するオプトアウト制度とはどのようなものなのでしょうか。

**nswer** 一定の事項を個人情報保護委員会に届け出ておくことで本人の同意を得ることなく個人データを第三者に提供することができます。

　改正前の個人情報保護法の下でも、本人の同意なき第三者提供を許容する規定がありました。それが「オプトアウト制度」です。オプトアウトとは、第三者提供について「本人が個人データの第三者提供の停止を求めた場合に停止する」という取り決めを、事前に本人に通知しておくか、または容易に本人が知り得る状態にしているのであれば、個人情報取扱事業者は、事前に本人の同意がなくても、個人データの第三者提供ができるとする制度です。

　ここで「本人が容易に知り得る状態」とは、本人が知ろうとすれば、物理的・時間的に、簡単に知ることができる状態を指します。たとえば、ホームページ上の画面において示すならば容易な操作で通知内容に到達できることや、広く頒布されている定期刊行物に記載されており、見ようと思えばいつでも内容を確認することができるようにしておく必要があるということです。また、一律に知り得る状態にしておけばよいのではなく、扱う事業の性質や個人データの内容に合わせて、適切な方法で示しておかなければなりません。とくに顧客情報のような、本来第三者に提供されることが想定されていない情報のオプトアウトについては、本人が確実に知り得る手段を確保する必要があります。

しかし、改正前のオプトアウト制度は、企業の情報収集手段としての第三者提供の有用性が重視され、本人の保護が不十分であると批判されていました。確かに第三者提供の停止を求めることを、少なくとも本人が容易に知り得る状態にしておくことになっていますが、実際に本人が知る機会は少なく、第三者提供の停止を求めることができる保証はありませんでした。

　そこで、改正前の問題点をふまえ、平成27年改正により、オプトアウト制度の規制が厳格化されました。つまり、改正個人情報保護法の施行日（平成29年5月30日）以降は、本人への通知または本人が容易に知り得る状態にしておくことに加えて、個人情報保護委員会への届出を行わなければ、オプトアウト制度を利用することができなくなりました。個人情報保護委員会に届け出るべき事項は、以下の5つです（法23条2項）。

---

① 　第三者への提供を利用目的とすること
② 　第三者に提供される個人データの内容
③ 　第三者への提供の方法
④ 　本人の求めに応じて第三者提供を停止すること
⑤ 　本人の求めを受け付ける方法

---

　①～④の事項は、改正前の個人情報保護法の下でも、本人に通知等しておくべきと規定されていた事項と一致しています。平成27年改正では、これらの事項に加えて、⑤本人による第三者提供の停止の求めを受け付ける方法も個人情報保護委員会に届け出なければならないと規定し、どのような方法によればよいかを明確にすることを要求しています。さらに、届け出た事項について変更が行われた場合は、変更点についても個人情報保護委員会に届け出なければなりません（法23条3項）。

また、個人情報保護委員会に届け出た事項は、個人情報保護委員会のサイト上などで公表されます（法23条4項）。届け出た個人情報取扱事業者も、原則として自社のサイト上などで届出事項を公表することが義務付けられています（施行規則10条）。

●要配慮個人情報はオプトアウトが禁止されている

　平成27年改正では、オプトアウト制度による第三者提供を禁止する場合についても規定が置かれました。それが要配慮個人情報（個人データに該当するもの）に関するオプトアウトの禁止です。

　要配慮個人情報には、本人の人種・信条・社会的身分・病歴・犯罪被害歴・前科などが含まれます（47ページ）。このようなとくに配慮を要する情報が、通常の個人データと同様の手続きで第三者提供が行われてしまうと、その情報の本人が不要な偏見・差別を受ける等の不利益を受けるおそれがあります。そこで、要配慮個人情報に関してはオプトアウト制度による第三者提供が禁止されました（法23条2項）。そこで、要配慮個人情報を第三者提供する際は、例外規定にあたる場合（101ページ）を除き、あらかじめ本人の同意を得ておかなければなりません。


■ 平成27年改正後のオプトアウト制度··································

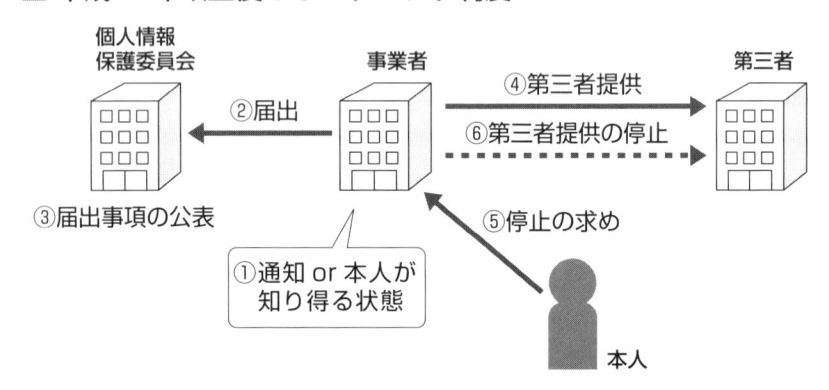

# 第三者提供をした場合の記録・保存義務とは具体的にどのような義務を指すのでしょうか。

個人データの提供者は、データを提供した相手方や提供年月日等の記録を残し、記録を原則3年間保存する義務を負います。

平成27年改正により、個人情報保護法に基づく第三者提供が行われた場合に、個人データの売買に携わった提供者（売主）に対する義務が規定されました。第三者提供に関する記録を義務付けることで、第三者提供を一定の管理の下で行わせることを趣旨としており、これを「トレーサビリティ」の確保と呼んでいます。

具体的には、個人データの売主である個人情報取扱事業者は、①個人データを提供した相手方（受領者）、②提供した年月日、③個人データの本人を特定できる事項、④個人データの項目を記録を残し（法25条1項、施行規則13条）、その記録を原則3年間保存する義務を負います（法25条2項、施行規則14条）。

●第三者提供を受ける場合の注意点

平成27年改正では、個人データの第三者提供が行われる場合、提供者（売主側）のみではなく、受領者（買主側）にも負担すべき義務が規定されました。

個人データの第三者提供を受ける買主は、売主に関する確認義務を負います。具体的には、売主の氏名・名称や、売主が個人データを取得した経緯（取得先の別や取得目的など）を確認しなければなりません（法26条、施行規則15条）。わが国で起こって

いる大規模な情報漏えい事件は、その多くが盗みだされた個人情報が売買の対象になったことが原因になっています。そこで、買主側に売主の確認義務を負わせることで、不正な取引を事前に防ぐことを趣旨としています。

　また、後から提供を受けた個人データを巡ってトラブルが発生した場合に備えて、買主側は、①個人データの提供者、②提供を受けた年月日、③個人データの本人を特定できる事項、④個人データの項目などについて記録を残し（法26条3項、施行規則17条）、その記録を原則3年間保存する義務を負います（法26条4項、施行規則18条）。

　以上の確認・記録によって、売主・買主ともに個人データの第三者提供に関わる正確な記録が残されることになります。なお、トレーサビリティの確保にあたっては、個人情報保護委員会が公表している確認記録ガイドラインをあわせて参照するとよいでしょう。

### ■ 第三者提供に関する義務 ・・・・・・・・・・・・・・・・・・・・・・・・・・・・・・・・・・・・・・・・・・・・・・・・

| | 提供する側 | 提供を受ける側 |
|---|---|---|
| 提供前 | ・原則、あらかじめ本人の同意を得ずに、第三者に提供してはならない。<br>・オプトアウトをする場合は、あらかじめ本人に「第三者提供をすること」「提供される個人データの項目」「提供方法」「求めに応じて第三者提供を停止すること」「本人の求めを受け付ける方法」を通知または本人が容易に知り得る状態に置き、個人情報保護委員会に届出を行う。 | ・「提供する側の氏名・名称」「提供する側が個人データを取得した経緯」などについて確認。 |
| 提供後 | ・「提供年月日」「第三者の氏名・名称」等の一定の事項を記録し、一定の期間（原則は3年）その記録を保存しなければならない。 | ・「受領年月日」「確認した事項」等を記録し、一定の期間（原則は3年）その記録を保存しなければならない。 |

 勝手に自己の個人データが売買されている場合などへの対策として、どんな法制度が整えられているのでしょうか。

 不正な業者等に対する利用停止等請求や、違法な情報利用への刑罰も規定されています。

　平成27年改正により、個人データの本人は、自己の個人データが第三者提供されているかどうかを、個人情報保護委員会のサイトを見ることで確認ができるようになりました。オプトアウトについては届出事項が個人情報保護委員会のサイトで一括公表されるからです。また、個人データの第三者提供について記録・保存義務が課されましたので（トレーサビリティの確保）、個人データの提供ルートが追跡可能になりました（105ページ）。本人は提供ルートをたどって、利用停止等請求権（116ページ）を行使していくことができます。

　本人の同意を得ずに個人データを第三者に提供することが問題になるのは、「名簿業者」と呼ばれている者への対応に関してです。オプトアウト方式が認められているため、個人情報保護法が定める手続きに従えば、本人の同意を得ることなく第三者提供を行うことは適法ですが、提供された個人情報を基に詐欺行為や不当な利益を挙げている業者が相次いでいます。そのため、このような不正な手段の根源ともいえる「名簿業者」に何らかの対応が必要なのではないかという認識が広がっています。しかし、改正個人情報保護法の下でも、自己の個人データが誰から提供を受けたものかを問い質す手段はありません。自己の個人データを利用

する個人情報取扱事業者に対して、その入手先についての開示請求権が認められていないからです。

　そのため、名簿業者のような不正な利益をむさぼる業者を、一定の範囲内で規制する方策が必要とされることになったのです。そのための方策が、前述したオプトアウトの個人情報保護委員会への届出や、トレーサビリティの確保です。

　オプトアウトの届出なく本人に無断で第三者提供をする等、一定の違反行為をする個人情報取扱事業者に対して、個人情報保護委員会は是正の勧告をすることができ、勧告に従わない場合には命令を発することができます（法42条）。さらに、命令にも従わない場合は、裁判所によって6か月以下の懲役または30万円以下の罰金に処せられます（法84条）。

　なお、平成27年の不正競争防止法改正により、不正な情報流通の態様によっては営業秘密侵害罪に該当し、違反行為者は10年以下の懲役または2000万円以下の罰金に処せられることになりました（両罰規定として違反行為者の所属する法人も5億円以下の罰金刑に処せられます）。

### ■ 不正な個人情報の売買等への対策

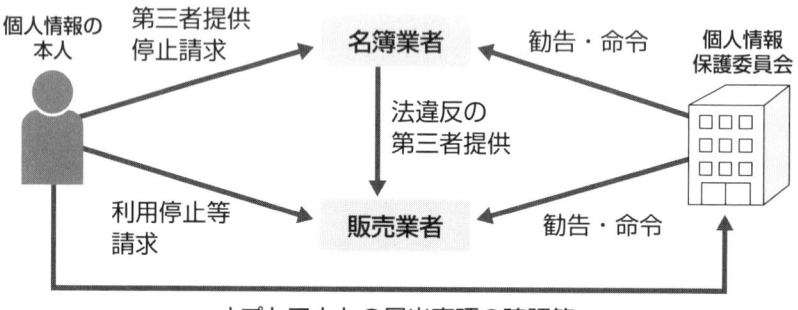

オプトアウトの届出事項の確認等

# 個人データを複数の企業等が共同して利用するためには、どのような要件を満たす必要があるのでしょうか。

共同利用の目的等を本人に通知する等の要件を満たす必要があります。

複数の企業が協力して、特定の事業を推進していく際に、各々が持つ顧客等の個人データを共同して利用する場合があります。これを個人データの共同利用といいます。

個人情報保護法は、個人データの本人から見て「共同利用」されていることが正確に捉えることができる場合にのみ、個人データの共同利用が行えることを明確にしました。具体的には、①共同利用する目的、②共同利用する個人データの項目、③共同利用する者の範囲、④責任者の氏名・名称をあらかじめ本人に通知するか、容易に知ることができる状態にしておくことで、共同利用に携わる企業が第三者提供にいう「第三者」にはあたらないとする、という要件を設けています（法23条5項3号）。つまり、共同利用に携わる企業が、共同利用の規制に従っている限り、その個人データの本人がオプトアウトによる第三者提供の停止を求めたり、利用停止等請求権を行使することはできないことになります。

情報漏えいがあった場合、本人は、共同利用する企業だけでなく、通知等されている責任者にも法的責任を追及可能です。共同利用の責任者とは、「共同して利用する全ての事業者の中で、第一次的に苦情の受付・処理、開示・訂正等を行う権限を有する者」を指します（通則ガイドライン3-4-3）。共同利用する個別の企業

内部における個人情報取扱いの担当者を指すものではありません。そこで、共同利用に関係する事業者同士で責任者を決定する必要があります。そして、個人データの本人が、共同利用されている個人データに関して、各種の問い合わせや苦情等を申し立てる場合に、責任者が担当窓口としての役割を果たすことになります。

　共同利用に関しては注意すべき点があります。複数の事業者において個人データを共有することは、類似の機能を果たす第三者提供の例外的な取扱いになります。そのため、本来の第三者提供に関する規制を免れるために、個人データの共同利用という方式を採用することが許されてはいけません。

　とくに個人データを共同利用する企業間における、事業内容の関連性がひとつの目安になります。同一または関連性が深い事業を共同で処理する上で、便宜を図る目的で個人データを共同利用するというのが、本来の共同利用の趣旨といえます。しかし、まったく関連性がない事業を運営している企業同士が、個人データの共同利用を行おうとする場合には、共同利用の形式を採用する合理的な理由が見出せないため、本来の第三者提供の方式に基づき、たとえばオプトアウト方式に従って処理するのが適切だといえます。

### ■ 個人データの共同利用

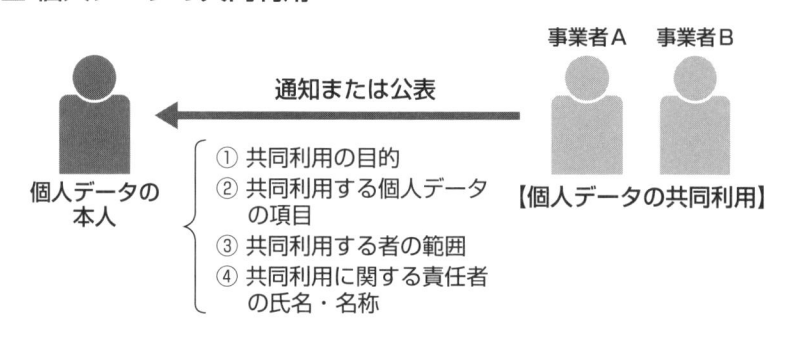

# 外国にいる第三者に対して個人データ等を提供する場合について、どんな規制が及ぼされるのでしょうか。

原則として外国の第三者に提供するには本人の事前の同意を得なければなりません。

　個人情報保護法には、外国の第三者に対して個人データを提供する場合の規制が置かれています（法24条）。外国への個人データの第三者提供を行う場合は、オプトアウト制度が禁止され、委託・事業承継・共同利用の規定（109ページ）の適用が排除されるため、法令に基づく場合など（法23条1項）を除き、外国への第三者提供について本人の事前の同意を得ておかなければなりません。「外国」とは、日本の区域外にある国または地域を指します。中国をはじめアジア各国を念頭に置いています。また、「第三者」とは、外国に所在する者を指し、個人でも法人でもかまいません。ただし、個人情報保護委員会規則（施行規則）によって、わが国と同程度の水準の個人情報保護制度を有すると定めた国は「外国」から除外されます（平成29年8月1日現在、施行規則で定める国はありません）。また、個人情報取扱事業者が講ずべき措置に相当する必要な体制をとっている外国の事業者は「第三者」から除外されます。

　なお、外国にある第三者への個人データの提供については外国提供ガイドラインに詳細が示されています。日本の企業が、外国において法人格を取得している子会社に対して、個人データの提供を行おうとする場合には、それが子会社でも「外国の第三者」

に対する提供にあたります。これに対して、日本の企業が外国に存在する現地事業所や支店に対して個人データを提供する場面は、ひとつの法人格の中で情報のやりとりをする以上、第三者提供にはあたりませんので、この場合は第三者提供の規制を受けずに個人データを提供することができます。また、日本の企業が資本金のほとんどを外国から提供されている外資系の企業である場合、親会社である外国にある企業に対して、たとえ報告の目的で個人データを提供するとしても、外国の第三者への提供に該当しますので、注意が必要です。

　また、外国の第三者との間で、個人データを共同利用するという場面も考えられます。日本の企業から外国の企業に対して、共同利用を意図して個人データが渡されるケースが多いといえます。しかし、外国への第三者提供にあたる場合は、前述のとおり共同利用の規定の適用が排除されるため、原則として外国への第三者提供について本人の同意がなければ、外国の第三者との共同利用は行えないことになります（外国提供ガイドライン2(3)）。

### ■ 外国の第三者に対する個人データの提供 ··························

個人情報の本人

① 本人の事前の同意が必要
オプトアウト方式によることはできない

事業者　　　　② 個人データを提供　　　　→　外国の第三者

例外
① わが国と同程度の水準の個人情報保護制度を持つ国は「外国」から除かれる（施行時に「外国」から除外された国はない）
② 個人情報取扱事業者が講ずべき措置に相当する必要な体制をとっている外国の事業者は、外国の「第三者」から除外される

## 外国企業などから個人データの提供を受けることができるのでしょうか。罰則などがあるのでしたら教えてください。

データの提供を受けることが可能です。また、国内の個人情報取扱事業者として罰則を受けることもあります。

　外国にある企業に対して、本来は個人情報保護法の適用対象から外れるため、規制を及ぼすことは困難であるようにも思われます。しかし、改正個人情報保護法は、「国内にある者に対する物品又は役務の提供に関連してその者を本人とする個人情報を取得した個人情報取扱事業者」が、外国において、その者の個人情報および当該個人情報に基づいて作成した匿名加工情報を取り扱う場合に、個人情報保護法が適用されることを明らかにしました（法75条）。たとえば、①日本に支店・営業所等を有する個人情報取扱事業者が、外国にある本店で直接個人情報・匿名加工情報を取り扱う場合、②日本で個人情報を取得した個人情報取扱事業者が、海外に活動拠点を移転した後に、引き続き個人情報等を取り扱う場合、③外国のインターネット通信販売事業者が、日本の消費者から個人情報を取得し、商品を販売・配送する場合、などが適用対象の例として挙げられます（通則ガイドライン6-1）。
　そして、国内にある個人情報取扱事業者は、上述の個人情報保護法の適用を受ける外国にある企業から、個人情報等（個人情報および匿名加工情報）の提供を受けることも可能です。その際には、個人情報の提供を受けるその他の場合と同様に、個人情報の提供

を受ける個人情報取扱事業者は、個人情報保護法が規定する要件を満たす必要があります。つまり、不正な方法による個人情報の取得ができない（法17条1項）ことはもちろん、要配慮個人情報を取得する場合には、オプトアウト方式が禁止されていますので（法23条2項）、あらかじめ本人の同意を得ておかなければなりません。また、原則として個人情報を取得した場合には、本人に通知・公表する手段を確保しておく必要があります（法18条1項）。

　さらに、個人情報保護法の適用を受ける外国の企業から、個人情報等の提供を受けるにあたり、適用され得る罰則についても、他の個人情報等の提供を受ける場合と同様の罰則が用意されています。具体的には、個人情報等の提供を受けるに際に備えておくべき要件について不備がある場合には、個人情報保護委員会から必要な指導・助言を受けます（法41条）。指導・助言に従わない場合には、必要な措置をとるよう勧告・命令が行われることがあります（法42条）。命令にも従わない者には、6か月以下の懲役又は30万円以下の罰金が科される（法84条）とともに、違反行為者の所属する企業にも30万円以下の罰金が科されます（法87条）。

### ■ 外国企業からの個人情報等の提供を受ける場合 ･･･････････････

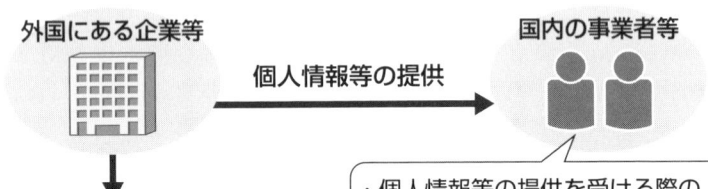

外国にある企業等　　　　　　　　　　国内の事業者等

個人情報等の提供

国内の者に対する物品・役務の提供の上で個人情報等（個人情報や匿名加工情報）を扱う

∴ 個人情報保護法の適用を受ける

・個人情報等の提供を受ける際の要件を満たす必要
・個人情報保護員会からの指導・助言・勧告・命令を受ける
　⇒ 命令に違反すると罰則のおそれ

 **25** 個人情報の本人は、事業者に対してどのような請求を行うことができるのでしょうか。

 本人の権利として保有個人データの開示、訂正等、利用停止等の請求ができます。

平成27年の個人情報保護法改正により、個人情報取扱事業者に対して、本人の保有個人データ（35ページ）の開示・訂正等・利用停止等に関する権利が明確に定められました。

改正前の個人情報保護法では、本人の権利であることが明確ではありませんでした。そのため、改正前における開示請求が問題になった訴訟で、「請求権ではないことを理由に開示を求めた本人（原告）の請求が退けられた」という事例がありました。

しかし個人情報保護法の目的のひとつは、本人の権利利益を保護することにありますので、改正法の下では各種の請求権について訴訟に発展した際に、本人の権利として本人（原告）の請求が認められる余地が生まれました。もっとも、各種の請求権の対象は「当該本人が識別される保有個人データ」に限定されます。

●**請求ができる権利には３種類ある**

本人が自らの保有個人データについて、個人情報取扱事業者に対して行使することができる権利としては、次の３種類が挙げられます。

① **開示請求権（法28条）**

開示請求権とは、利用している保有個人データの内容を具体的な状態で明らかにすることをいいます。改正前でも保有個人デー

タの本人から開示の求めがなされた場合は、個人情報取扱事業者がこれに応じなければならない旨が定められていました。

　しかし、これは個人情報取扱事業者の義務として規定されていたため、平成27年改正では、本人が開示請求権という権利を有することを明示しました。このことにより、裁判上においても自己を本人とする保有個人データの開示を請求することが可能になりました。

　ただし、委託者から取扱いを委託されたにすぎないもの、存否が明らかになることで公益などが害されるもの、6か月以内に消去する予定のものは、そもそも保有個人データから除外されていますので（36ページ）、開示請求権の対象外となります。

　一方、保有個人データに該当しても、ⓐ本人や第三者の生命・身体・財産などを害するおそれがある場合、ⓑ個人情報取扱事業者の業務の適正な実施に著しい支障を及ぼすおそれがある場合、ⓒ他の法令に違反する場合、ⓓ他の法令により開示される場合は、開示請求を拒絶して非開示とすることができます（法28条2項・4項）。

## ②　訂正等請求権（法29条）

　訂正等とは、利用されている保有個人データの内容が事実でない場合に、その内容のⓐ訂正、ⓑ追加、ⓒ削除をすることです。あくまで事実について訂正等を請求することができるだけですので、評価といった判断が難しいものについてまで訂正等を請求することはできません。

## ③　利用停止等請求権（法30条）

　利用停止等とは、利用されている保有個人データが違法な扱いを受けている場合に、ⓐ利用停止、ⓑ消去、ⓒ第三者提供の停止をすることです。具体的には、ⓐⓑの請求は、本人の同意がない目的外利用（法16条違反）、不正手段による個人情報の取得（法

17条1項違反）、本人の同意がない要配慮個人情報の取得（法17条2項違反）がある場合に行うことができます。ⓒの請求は、本人の同意がない第三者提供がある場合（法23条1項違反、24条違反）に行うことができます。

●**請求に対する個人情報取扱事業者の対応**

個人情報取扱事業者が、本人より開示・訂正等・利用停止等の各請求権を行使された際は、遅滞なく対応しなければなりません。

具体的には、本人からの請求を拒絶する場合は、本人に対して拒絶する旨を通知しなければなりません。一方、拒絶する理由については、本人に対して説明を行うことが努力義務にとどめられています（法31条）。これに対し、本人からの請求を認めた場合は、開示・訂正等・利用停止等を行った旨を本人に通知しなければなりません。

■ **開示・訂正等、利用停止等の請求** ················································

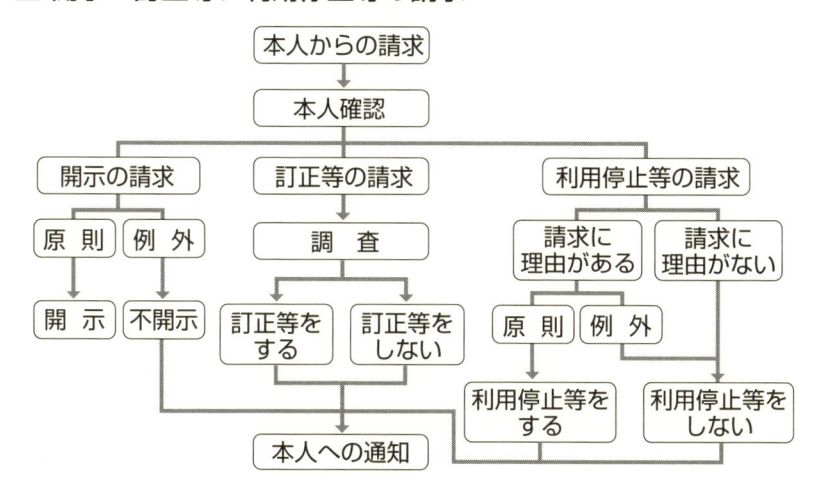

# Q26 Question
保有個人データに関する争いについて、仮処分や訴訟を起こす前に利用できる事前請求とはどのような制度なのでしょうか。

**Answer** 個人情報取扱事業者に対して開示や訂正等を請求した後でなければ、訴訟等の手続きをとることはできません。

　平成27年改正によって、保有個人データの開示・訂正等・利用停止等の権利に関して、当該保有個人データの本人が訴訟を起こすことができる旨を前提にした規定が追加されました。ただし、強制力がある裁判等ではなく、当事者間で争いが解決できる場合にはその方が迅速な解決につながり、濫訴を懸念する経済界にある程度配慮することもできます。また、事業者が応訴しなければならない負担を軽減する目的から、開示・訂正等・利用停止等について直ちに訴訟に発展することを防止する「事前請求」の規定が設けられたことに注意が必要です（法34条）。つまり、開示・訂正等・利用停止等の請求を行う場合は、いきなり訴訟を起こすことはできず、まず個人情報取扱事業者に対して請求しなければなりません。そして、2週間待っても応答がない場合、または2週間以内でも請求に応じない旨の回答が得られた場合に、初めて訴訟を起こすことができます。なお、この2週間の期間とは、本人が個人情報取扱事業者に対して行った事前請求が到達した日から起算されることになります（通則ガイドライン3-5-8）。

　事前請求の制度は、本人が裁判所に対して暫定的に自分の主張を認めてもらう仮処分の申立てにも適用されます。

個人情報の取扱いを慎重に行っていたにもかかわらず、ミスや勘違いなどからトラブルが生じた場合に、クレームにはどのように対処すればよいのでしょうか。

個人情報取扱事業者は、苦情相談窓口等を設置して苦情に適切・迅速に処理するよう努めなければなりません。

個人情報保護法には苦情の処理についての規定が置かれています。個人情報取扱事業者は、個人情報の取扱いに関する苦情を適切・迅速に処理するために努めなければなりません（法35条1項）。また、苦情処理に必要な体制の整備にも努めなければなりません（法35条2項）。これらの規定は努力義務となっています。

努力義務規定により、苦情相談窓口を設置している個人情報取扱事業者の場合、本人はまずその窓口に苦情を申し出ることになります。当事者間で話し合いをしても解決しない場合は、認定個人情報保護団体（個人情報の適正な取扱いの確保を目的とする民間団体）や消費生活センターなどを介して話し合うことになります。話し合いによって解決しない場合、最終的には裁判手続きを行うことになります。

また、個人情報保護委員会が個人情報取扱事業者を改善させる必要があると判断した場合は、その個人情報取扱事業者に報告を求め（報告の徴収）、職員に事務所の立入検査をさせ（法40条）、指導・助言・勧告・命令をすることがあります（法41条、42条）。

保有個人情報の訂正等の請求があった場合、請求されてからどのくらいの間に応じる必要があるのでしょうか。応じなくてもよい場合はありますか。

2週間を経過すると訴訟のリスクが高まります。また、利用目的を超える場合や、請求内容に誤りがある場合は応じる必要はありません。

　本人は、個人情報取扱事業者に対して、自己を本人とする保有個人データの訂正等（内容の訂正・追加・削除）を請求することができます（法29条）。ただし、訂正等につき訴訟を提起するには、事前に事業者に請求する必要があり、請求が到達したときから「2週間」を経過した後にはじめて、訴訟により訂正等を請求することが可能です（118ページ）。したがって、保有個人データの訂正等の請求を受けた個人情報取扱事業者は、請求者から訴訟を提起されるリスクを回避するために、この2週間を目安に、迅速に対応する必要があります。

　また、個人情報取扱事業者が、訂正等の請求に応じなくてよい場合として、2つのケースが挙げられます。事業者が保有個人データを「特定の期間に限定して」保有することを利用目的に挙げており、当該期間経過後は廃棄予定である場合は、当該期間における正確性が担保されていれば足りますので、期間を超えた正確性を問うような請求に応じる必要はないとされています。とくに過去の一定時点での情報の利用が目的であるときは、利用目的に照らすと訂正等に応じるのは不適切といえます。また、請求の内容に誤りがある場合にも訂正等を拒否することが可能です。

保有個人データの利用停止等の請求があった場合には請求されてからどのくらいの間に応じる必要があるのでしょうか。応じなくてもよい場合はありますか。

 ２週間を経過すると訴訟のリスクが高まります。また、請求内容に誤りがある場合や代替措置があるときは応じる必要はありません。

　本人は、個人情報取扱事業者に対して、自己を本人とする保有個人データの利用停止等（利用停止・消去）を請求することができます（法30条）。ただし、利用停止等につき訴訟を提起するには、事前に事業者に請求する必要があり、請求が到達したときから「２週間」を経過した後にはじめて、訴訟により利用停止等を請求することができます（118ページ）。したがって、保有個人データの利用停止等の請求を受けた個人情報取扱事業者は、訂正請求等を受けた場合（前ページ）と同様、利用停止等の請求者から訴訟を提起されるリスクを回避するために、この２週間を目安に迅速に対応する必要があります。

　もっとも、個人情報取扱事業者が保有個人データの全部消去を求められた場合について、消去ではなく利用停止によって、請求者の求めに応えることが可能であれば、代替措置による対応が可能です（通則ガイドライン3-5-4）。また、請求者が指摘する違反内容が正しくない場合にも、請求に応じる必要はありません。

　なお、利用の全面停止と消去は類似していますが、停止が情報自体は識別可能な状態で残っているのに対して、消去は情報自体を本人が識別不能な状態にして使えなくすることを指します。

## 事業者が開示請求などの各種請求についての情報提供を拒むことができる場合とはどんな場合なのでしょうか。

本人や第三者の生命・身体等を侵害したり、事業者の事業運営に著しい支障がある等の場合には拒むことができます。

........................................................................

個人情報取扱事業者が本人から自己を本人とする保有個人データの開示・訂正等・利用停止等の各請求を受けた場合は、基本的には遅滞なく応じなければなりませんが、次のような特別な事情がある場合は、例外として請求に応じないことが認められています。

ただし、開示・訂正等・利用停止等の権利に関しては、訴訟の提起が可能です（118ページ）。そのため、以下の例外があると思われるときでも、本人が訴訟を提起し、裁判所の判決によって開示・訂正等・利用停止等が命じられることがあります。この命令があった場合、個人情報取扱事業者は従わなければなりません。

### ① 開示請求の例外

開示請求に関する例外は4つあります（法28条2項ただし書、通則ガイドライン3-5-2）。まず、ⓐ開示することで本人や第三者の生命・身体・財産等を侵害するおそれがある場合です。たとえば、医療機関で病名を患者に開示することで、患者本人の心身状況を悪化させるおそれがある場合などが挙げられます（末期がんに関する保有個人データなど）。

次に、ⓑ開示することで個人情報取扱事業者の事業運営に対して著しい支障が生じるおそれがある場合に、開示請求を拒むこと

が許されます。たとえば、開示請求を受けた保有個人データの中に個人情報取扱事業者の営業秘密に関する情報が含まれており、適切な判別ができない場合などが挙げられます。この場合は、保有個人データの開示が内部の営業秘密の開示と同等の意味を持ってしまい、個人情報取扱事業者が負うリスクが大きくなりすぎてしまうからです。また、事業者にとって複雑な対応が必要な同一内容に関する、開示等の請求が繰り返し想定される場合には、事業者の対応窓口が事実上占有されることになってしまい、他の問い合わせ対応業務やその他の事業運営に著しい支障を及ぼすおそれがあるときに、当該請求を拒むことが許されます。

さらに、ⓒ開示することが他の法令に違反しなければ行うことができない場合に、開示請求を拒むことができます。たとえば、刑法134条には「医師、薬剤師、医薬品販売業者、助産師、弁護士、弁護人、公証人又はこれらの職にあった者が、正当な理由がないのに、その業務上取り扱ったことについて知り得た人の秘密を漏らした」行為を処罰する規定があります（秘密漏示罪）。そこで、保有個人データの開示が秘密漏示罪に該当するときは開示請求を拒むことができます。個人情報保護法上の開示請求制度は、他の法令等に違反してまでも本人に開示請求を認める趣旨ではないからです。

そして、ⓓ他の法令により開示されることとなる場合も、開示請求を拒むことができます。たとえば、「自動車安全運転センター法」という他の法令に基づき、累積点数の通知、運転経歴の証明、交通事故の証明を行うことができるため、これらについて個人情報保護法上の開示請求は拒むことが挙げられます。

② **訂正等請求の例外**

個人情報取扱事業者が訂正等請求を受けた場合、請求を受けた保有個人データの内容が事実でない場合には、基本的には訂正等

に遅滞なく応じる必要があります。ただし、訂正等について他の法令の規定により特別の手続きが定められている場合には、その法令の規定に基づき対応することになります（法29条2項）。

### ③　利用停止等請求の例外

利用停止等請求は、ⓐ本人の同意なく利用目的を超えた利用（目的外利用）が行われている場合、ⓑ不正な手段により自身の個人情報が取得された場合、ⓒ本人の同意なく自身の要配慮個人情報が取得された場合、ⓓ本人の同意なく第三者に個人データが提供された場合に認められます（法30条）。そこで、ⓐ〜ⓓが認められる限り、個人情報取扱事業者が利用停止等請求を受けた場合は、原則としてこれに遅滞なく対応する義務があります。

ただし、ⓐ〜ⓓが認められても、たとえば請求を受けた全部消去が困難な場合（全部消去に多大な費用が必要な場合など）であって、利用停止によって違反を是正できる場合には、利用停止によって消去に代えることが許されています（通則ガイドライン3-5-4）。

### ■ 開示・訂正等・利用停止等請求の例外 ……………………

**開示請求の例外**
- 開示により本人や第三者の生命・身体・財産等を侵害するおそれがある場合
- 事業運営に対して著しい支障が生じる可能性がある場合
- 開示により他の法令違反になる可能性がある場合

**訂正等請求の例外**
他の法令の規定により特別の手続きが定められている場合にはその法令の規定に基づき対応する

**利用停止等請求の例外**
保有個人データの消去に多大な費用が必要な場合などは、本人の権利を保護する他の手段として利用停止が許されることがある

# 個人情報取扱事業者の義務として、どのような書類について文書化しておく義務があるのでしょうか。

法が定める届出等の他、社内規程等も文書化しておく必要があります。

　個人情報保護法は個人情報取扱事業者に対して、様々な義務を課していますが、その義務を果たす上で、一定の届出等を要求している場合もあります。したがって、これらの届出等に関しては、文書（ホームページで公開するためのデジタル文書を含む）を作成すること自体が、事業者が課せられている義務を果たすことに直接的につながる場合があります。また、事業者は適切な従業員等への教育を行うことにより、企業全体をもって個人情報の管理体制を整備していく必要があります。そこで、企業としての個人情報の取扱等に関するマニュアル等を文書化しておくことで、企業の方針の提示と意思の統一を図ることができるというメリットがあります。

　文書化しておくことが望ましい書類のうち、文書化する目的に応じて、典型的な例について見ていきましょう。

① **文書化自体が個人情報保護法の要求する義務にあたる場合**

　とくに重要なのが、第三者に個人データ（要配慮個人情報を除く）を提供する際に、個別に本人の同意を得ることなく、「あらかじめ本人に通知し、又は本人が容易に知り得る状態」に置いておくことで足りるという「オプトアウト方式」により第三者提供を行おうとする場合に、個人情報保護委員会への届出（102

ページ）が要求されていることです（法23条２項）。なお、届出の方法は個人情報保護委員会のホームページ（http://www.ppc.go.jp/personal/legal/optout/）で公開されています。それによると「届出書ファイルを印刷して押印した文書と、届出書ファイルをCD-Rに保存したもの」を個人情報保護委員会宛てに郵送する方法のみを認めており、届出書ファイルをインターネット上で送信する方法は認められていません。

　さらに、オプトアウト方式で個人データを第三者提供する場合には、第三者提供している事実を本人にわかりやすく文書で示しておく必要があります。たとえば、企業のホームページのわかりやすい場所（トップページから１回程度の操作で到達できる場所など）に、所定の事項をわかりやすく文書化しておくことが重要です（通則ガイドライン3-4-2）。

② 企業の意思統一のための文書

　企業内部において、効果的・効率的な個人情報の管理体制を整備するために、従業員等に対して、具体的な管理方法等を示し、企業全体の意思を統一して、管理を行うことが不可欠です。そこで企業としては、社内規程等を文書で示した上で、従業員等に周知徹底を行うことによって、それを従業員等が依拠できるマニュアル等として用いることができます。

### ■ 文書化が必要な書類 ……………………………………

#### ①個人情報保護法が文書化を義務付けている場合
・個人情報保護委員会に対するオプトアウト方式の第三者提供に関する届出
・オプトアウト方式で第三者提供を行っている事実を示す文書を公開する

#### ②企業の意思統一のための文書
・従業員等に周知徹底を行うことで、社内規程等が依拠できるマニュアル等となる

 個人情報の保管等に関して従業員教育を行う上で、注意すべき事項はどのような点なのでしょうか。

 企業の社会的責任を認識させることを目的に、座学や実習形式など適切な方法を選択して教育を行う必要があります。

事業者内部で事業を運営していく上で、他人の個人情報を保管したり、または第三者に提供することにより、実際に個人情報を取り扱うことになる従業員は、個人情報を管理することの重要性を認識しておく必要があります。

従業員ごとに理解の程度に差があることは好ましくなく、全従業員が等しく、個人情報管理の重要性や、具体的な管理方法に関する認識を共有しておく必要があります。そこで、個人情報の管理に関して、従業員教育が必要になります。その際に、従業員に対して主に2つの観点から教育を行うと効果的だといえます。

まず、従業員教育を行う目的として、その企業の社会的責任を認識させることです。

たとえば、ある企業が顧客等に関する個人情報を漏えいさせた場合に、企業全体の社会的責任は甚大で、漏えいする個人情報は、質・量ともに膨大で、様々な面で悪用される危険性が高まります。そのため、従業員に対して、企業全体が個人情報の保護に取り組むことの重要性が、社会的信用につながることを認識させるような教育が必要です。また、特定の従業員の言動が発端となって個人情報が流出等した場合には、その従業員個人に対して、懲戒の

おそれがあることはもちろん、場合によっては多額な損害賠償義務を負う可能性があることを、周知しておく必要があります。具体的に従業員教育を担うために、企業内部における個人情報管理のための部署等がある場合には、その担当者があたることが望ましいといえます。個人情報取扱事業者として、企業は個人情報保護方針などを策定していることが一般的といえ、その方針策定を中心となって行った部署等の担当者が、個人情報管理の重要性を従業員に対して訴えることが、最も効果的といえるでしょう。

●具体的な従業員教育のための手順

主に①計画、②実行（教育のための講習等）、③記録の作成等という3つの段階に従って行っていきます。まず計画段階では、従業員教育の目的を達成するために、具体的にどのような内容の教育を行うのかを決定します。一口に従業員といっても、個人情報の管理に対して、個々の理解の程度に差があると思われます。そこで、教育を行う上で、具体的にどのような従業員を対象に教育を行うのか、対象を明確にすることが重要です。

そして、実際に教育を実行する段階では、対象になる従業員の人数等に合わせて、座学なのか実習形式なのか、適切な方法を選択して、教育を行っていきます。とくに、教育内容として、企業内部における個人情報の管理方法や管理場所、アクセス権限を持つ者を明確にすることは不可欠です。なお、教育内容や達成度等を事後的に検証等を行う上でも、報告書等は文書等で残しておくようにしましょう。

# 第4章

# 個人情報保護法を
# めぐるその他の事項

改正個人情報保護法によって新設される個人情報保護委員会とは、どのような機関を指すのでしょうか。

個人情報の適正な取扱いを確保することを目的に、個人情報取扱事業者の監視・助言・指導を行う機関です。

個人情報保護委員会は、番号利用法（マイナンバー法）における「特定個人情報保護委員会」を改組した機関です。平成27年の個人情報保護法改正により、内閣府の外局として新設されました。個人情報保護法の運用などを各省から独立した存在である個人情報保護委員会が行うことで、より統一性のある管理を実施することが期待されています。個人情報の保護に関する権限が一元的に集約されることになりますが、報告徴収や立入検査については、事業所管大臣に委任することができる点には注意が必要です。

改正前は、事業分野に応じて定められた個人情報の取扱いに関するガイドラインの数が膨大となり、複数分野にまたがる事業を行う個人情報取扱事業者の場合、ガイドラインの数の多さに加えて、手続きも事業分野ごとに行う必要が生じ、時間がかかるという問題がありました。さらに、IT化が進んだ昨今では、個人情報保護の対策にも専門知識が必要とされます。

個人情報保護委員会は、委員長および8名の委員により組織されています。個人情報保護に関する専門的な知識を持った監督機関である必要があるため、選任される委員には、①個人情報の保護および適正かつ効果的な活用に関する学識経験のある人、②消

費者の保護に関して十分な知識と経験を有する人、③情報処理技術に関する学識経験のある人、④特定個人情報が利用される行政分野に関する学識経験のある人、⑤民間企業の実務に関して十分な知識と経験を有する者などを含む必要があります（法63条4項）。個人情報保護委員会は、個人情報の有用性に配慮しつつ、個人の権利利益を保護するため、個人情報の適正な取扱いを確保することを任務としています（法60条）。そのため、民間企業や消費者等から広く意見を聴取し、個人情報の効率的な利用と保護に考慮したルールの策定に取り組んでいます。

　また、個人情報保護委員会は、個人情報を保護する法人として、認定個人情報保護団体の認定を行うことができます（法47条）。そして、認定個人情報保護団体は、個人情報の適正な取扱いを確保するために、個人情報の利用目的の特定や、安全管理措置、開示や利用停止等に関して、その個人情報の本人の請求への対応等について、指針を作成することが努力義務（違反しても制裁を受けない義務のこと）として規定されています（法53条）。とくに、指針を作成したことは個人情報保護委員会に届け出なければならず、指針が公表された後に、認定個人情報保護団体は、個人情報取扱事業者に対して、指針を守るように指導・勧告やその他の措置を採らなければならないことになりました。

　個人情報保護委員会は、個人情報保護法に関する一般的な啓蒙活動も担っており、個人情報保護法の解釈や制度一般に関して寄せられる疑問にも対応するために、問い合わせ窓口を設置しています。また、個人情報保護委員会は、個人情報や匿名加工情報の取扱いに関して寄せられる苦情等に対して介入して、必要なあっせん等を行ったり、個人情報等をめぐる紛争等を解決しようとする民間団体の活動の支援・協力を行う場合もあります。

# 個人情報保護委員会は具体的にどのような権限を持っているのでしょうか。

個人情報保護法等の遵守を促すために、指導や勧告・命令、立入調査や苦情処理等の権限が認められています。

　個人情報保護委員会は、個人情報保護法およびマイナンバー法に関して幅広い権限を持ち、法律の順守を促します。ここでは個人情報取扱事業者に対する監督権限を見ていきましょう。

① **指導・助言（法41条）**

　個人情報保護委員会は、個人情報取扱事業者に対して、幅広く個人情報の取扱い等についての必要な指導や助言が可能です。

② **勧告・命令（法42条）**

　個人情報取扱事業者の一定の違反行為（次ページ図）に対して、個人情報保護委員会は是正を求めて「勧告」を行うことが可能です。ただし、あくまでも勧告は注意喚起にとどまります。

　しかし、個人情報取扱事業者が勧告に従わずに違反行為を続けている場合、これにより個人の重大な権利利益の侵害が切迫しているときは、個人情報保護委員会は、勧告に従うよう「命令」ができます（通常命令）。命令に従わない者には6か月の以下の懲役または30万円以下の罰金が科されます（法84条）。なお、個人の権利侵害の程度が重大で、緊急に措置をとる必要がある場合は、直ちに「命令」を出すことができます（緊急命令）。

③ **報告の徴収・立入調査（法40条）**

報告の徴収とは、個人情報保護委員会が個人情報取扱事業者に対して、必要な範囲内で報告をさせることです。一方、立入調査とは、個人情報取扱事業者に対して、個人情報保護委員会が義務を守らせるため、当該事業者の事務所に立ち入って必要な調査を行うことです。具体的には、資料の提出、質問、帳簿書類などの物件調査を行うことができます。報告の徴収・立入調査を拒否または妨害した者には30万円以下の罰金が科されます（法85条1号）。

④　**苦情処理（法61条2号）**

　個人情報保護委員会は、国民生活センターや各地域に置かれた消費生活センターなどの団体と連携して苦情を受け付け、問題のある個人情報取扱事業者に改善の実施や報告を求めます。

## ■ 通常命令と緊急命令 ·······················································

| 命令の対象となる主な個人情報保護法違反行為 | 通常命令 | 緊急命令 |
|---|---|---|
| 本人の同意なき目的外利用（法16条違反） | ○ | ○ |
| 不正手段による取得や本人の同意なき要配慮個人情報の取得（法17条違反） | ○ | ○ |
| 利用目的の通知・公表を行わない（法18条違反） | ○ | × |
| 安全管理措置や従業者・委託先への監督を怠る（法20条〜22条違反） | ○ | ○ |
| 本人の同意なき第三者提供（法23条1項、24条違反） | ○ | ○ |
| 第三者提供に関する記録・確認を怠る（法25条、26条違反） | ○ | × |
| 開示・訂正等・利用停止等の手続きを怠る（法28条〜30条違反） | ○ | × |
| 匿名加工情報の作成に関する規制に従わない（法36条違反） | ○ | ○ |

○：命令の対象となる ／ ×：命令の対象とならない

 **認定個人情報保護団体とはどのような団体で、いかなる法規制が適用されるのでしょうか。**

 個人情報取扱事業者や匿名加工情報取扱事業者を支援する民間団体で、個人情報保護委員会の認定が必要です。

　認定個人情報保護団体とは、個人情報保護法の基本理念を実現するために、業務の対象となる個人情報取扱事業者や匿名加工情報取扱事業者が適正に個人情報を扱うことを支援する民間団体です。法人化しているか否かは問われません。

　認定個人情報保護団体のリストは個人情報保護委員会のサイトに掲載されています。個人情報保護団体は、業界団体としての色彩が濃厚であることをうかがい知ることができます。たとえば、銀行業では「全国銀行個人情報保護協議会」が認定を受けており、医療分野では「公益社団法人 全日本病院協会」が例として挙げることができます。

　認定個人情報保護団体として活動を行うためには、個人情報保護委員会の認定を受ける必要があります。認定には、①認定個人情報保護団体としての業務を適正かつ確実に行うための必要な実施方法が定められ、②認定業務を行うために必要な知識・能力・経理的基礎がある、などの要件を満たすことが必要です（法49条）。また、認定を受けた後も、認定個人情報保護団体が業務を適切かつ確実に行っているかを、報告の徴収、命令、認定取消しの権限によって個人情報保護委員会に監督されます（法56条〜58条）。

認定個人情報保護団体は、いかなる業務を担う機関なのでしょうか。個人情報保護委員会とは、一体どのような違いがあるのでしょうか。

認定個人情報保護団体は個人情報等に関する統一機関ではなく、個人情報保護指針の策定等を担う機関です。

　認定個人情報保護団体の具体的な業務として、まずは個人情報保護指針の策定が挙げられます（法53条）。個人情報保護指針とは、自主的に策定した取り決めであり、認定個人情報保護団体に加盟している事業者（個人情報取扱事業者や匿名加工情報取扱事業者）に対して、個人情報を保護する上で遵守すべき指針を示しています。具体的には、利用目的の特定方法や安全管理措置に関する規定の他、開示等の請求に応じるための手続きや匿名加工情報の作成方法や安全管理措置等に関する手続きを定めています。

　個人情報保護指針と区別すべき概念に「個人情報保護方針」（プライバシーポリシー）があります。個人情報保護方針は、個人情報保護指針とは異なり、法律により策定することは義務付けられておらず、通則ガイドラインなどにより策定が推奨されているにとどまります。また、その他の認定個人情報保護団体の業務として、苦情処理と情報提供などもあります（法52条）。苦情処理とは、認定個人情報保護団体が第三者機関としての立場から、個人情報の取扱いをめぐる本人その他の関係者からの苦情の解決にあたることです。一方、情報提供とは、個人情報の適正な取扱いに有益になる情報について、加盟する事業者に必要な情報提供

を行うことで、個人情報保護指針の作成・公表に関する情報を提供することなどが挙げられます。さらに、加盟する事業者に対して、個人情報保護指針を遵守する上で必要な指導や勧告を行うこともできます（法53条4項）。しかし、個人情報保護委員会のように命令を発する権限はありません。

●個人情報保護委員会とはどう違うのか

　平成27年の個人情報保護法改正で「個人情報保護委員会」が新設されました。それ以前はマイナンバー（個人番号）や特定個人情報（マイナンバーを含む個人情報）の適正な取扱いを確保する上で必要な事務を処理するために特定個人情報保護委員会が設置されていました。しかし、個人情報保護委員会は、特定個人情報保護委員会を改組した機関で、平成28年1月より個人情報・特定個人情報の保護に関する事務を一括して取り扱っています。

■ 認定個人情報保護団体と個人情報保護委員会 ･･････････････････

**認定個人情報保護団体**

個人情報保護法の理念を実現するために、個人情報取扱事業者を支援するための民間団体
　⇒個人情報保護委員会の認定を受ける必要がある

〈認定基準〉

　①認定業務を適正かつ確実に行うための実施方法が明確か
　②認定業務を行うために必要な知識・能力・経理的基礎の有無

**個人情報保護委員会**

個人情報や特定個人情報（マイナンバーを含む個人情報）の適正な取扱いを確保する上で必要な事務を処理する機関

　┗▶ 平成27年の個人情報保護法の改正に伴い、特定個人情報保護委員会が改組された

# 個人情報保護法に違反したらどうなるのでしょうか。

命令に反すると6か月以下の懲役または30万円以下の罰金となります。

　個人情報保護法は、個人情報取扱事業者や匿名加工情報取扱事業者（事業者）に対して様々な義務を課していますが、事業者の義務違反について摘発する特別の捜査機関があるわけではありません。現実には情報漏えいの被害を受けた本人などが、事業者の窓口や認定個人情報保護団体に申し出るか、または警察・検察に告訴・告発するという形で問題提起されることになります。

　義務違反をした事業者について、個人情報保護法は、個人情報保護委員会に対し、報告の徴収・立入調査、助言・指導、勧告・命令の権限を与え（132ページ）、これに反した事業者には以下の罰則を与える旨の規定が置かれています。

**・必要な報告を行わない場合等（法85条）**

　個人情報保護委員会による報告の徴収・立入調査に関して、ⓐ報告や資料提出をしなかった者、ⓑ虚偽の報告や資料提出をした者、ⓒ質問に回答しなかった者、ⓓ質問に虚偽の回答をした者、ⓔ立入検査の拒否・妨害・忌避をした者は、30万円以下の罰金が科せられます。さらに、これらの行為をした者が所属する事業者にも罰金刑（30万円以下の罰金）が科せられます（両罰規定、法87条）。

**・命令に違反した場合（法84条）**

　個人情報保護委員会による通常命令や緊急命令（132ページ）

に従わなかった者には、6か月以下の懲役または30万円以下の罰金が科せられます。さらに、命令違反行為をした者が所属する事業者にも罰金刑（30万円以下の罰金）が科せられます（両罰規定、法87条）。

　なお、個人情報保護法上の罰則は科せられなかったとしても、個人情報の本人が事業者に対して個人情報取扱義務違反に基づく損害賠償を請求してきた場合、事業者は民法上の不法行為に基づく賠償責任を負わなければならない可能性があります。

**■ 個人情報取扱事業者の個人情報保護法違反に対する罰則** ……

| 個人情報取扱事業者の行為 | 罰　則 |
|---|---|
| ①業務で取り扱う個人情報データベース等を、自己や第三者の不正な利益のために提供または盗用する（個人情報データベース等提供罪） | 1年以下の懲役または50万円以下の罰金 |
| ②個人情報保護委員会の命令に違反する | 6か月以下の懲役または30万円以下の罰金 |
| ③個人情報保護委員会に対して、報告・資料の提出を行わない、虚偽の答弁をする、検査を拒否するなど | 30万円以下の罰金 |
| ④個人情報取扱事業者が法人である場合、法人の代表者・使用人・その他従業者等が①〜③の違反行為を行う | 各違反行為に対する罰金刑が法人自体に対して適用される（両罰規定） |
| ⑤個人データの第三者提供が行われる際の確認規定に違反がある。<br>⑥認定個人情報保護団体が、個人情報保護委員会に対して認定業務を廃止する際の届出に違反がある。 | 10万円以下の過料 |

# 個人情報データベース等提供罪とはどのような犯罪で、どんな罰則が規定されているのでしょうか。

不正な利益を図るために行われた個人情報データベース等の提供・盗用に対して１年以下の懲役等の刑罰が規定されています。

平成27年の個人情報保護法改正により、新たに「個人情報データベース等提供罪」が新設されました（法83条）。昨今わが国で発生した企業の大規模な個人情報漏えい事件（平成26年に発生したベネッセコーポレーションの個人情報流出事件）の発端が、従業員等によるデータベースの不正な提供や盗用であったことを考慮して、罰則が設けられました。同種の規定は不正競争防止法に営業秘密侵害罪（108ページ）として定められていますが、不正な提供や盗用の対象になる情報が営業秘密に限定されているため、個人情報の保護には不十分でした。改正後の個人情報保護法の下では、個人情報データベース等を取り扱う事務に従事する者（個人情報取扱事業者の従業員等）が、自己または第三者の不正な利益を図る利益をもって、個人情報データベース等（全部または一部を加工・複製したものを含む）の提供または盗用を行った場合には、１年以下の懲役または50万円以下の罰金に処せられます。

　自分の利益だけでなく、第三者の利益を図る目的がある場合も処罰対象となることに注意する必要があります。

　個人情報データベース等の第三者提供が、その情報の本人の名誉や評判を下げる目的のみで行われた場合は、原則として「不正

な利益」にあたらず、処罰の対象外となります。処罰対象となるのは、従業員等が企業の保有する個人情報データベース等を無断で第三者に提供し、その対価として金銭などの経済的利益を得るような場合が挙げられます。

　昨今の大規模な企業の個人情報漏えい事件は、従業員等が顧客等の個人情報を売却して、利益を取得したことがきっかけで、個人情報が流出した場合がほとんどでしたので、経済的利益を得るという個人情報漏えいのきっかけを断とうとする目的があります。

　さらに、個人情報データベース等提供罪は、事業者の現在の従業員等だけでなく、過去に従業員等であった者による不正な提供・盗用も処罰対象にしていることにも注意しなければなりません。不正な情報漏えいを防止するため、処罰対象者を広げているといえます。そして、個人情報データベース等提供罪を犯した従業員等が所属する事業者にも、罰金刑（50万円以下の罰金）が適用されます（両罰規定、法87条）。なお、両罰規定の適用は現在の従業員等が犯した場合に限られ、過去の従業員等が犯した場合には適用されません。

### ■ 個人情報データベース等提供罪 ·······································

#### ─ 個人情報データベース等提供罪 ─

「自己または第三者の不正な利益を図る利益をもって、個人情報データベース等（全部または一部を加工・複製したものを含む）の提供または盗用を行った場合には、1年以下の懲役または50万円以下の罰金に処せられる」

- ・「不正な利益」⇒ 自分の利益だけでなく第三者の利益を図る目的がある場合も処罰対象になる
- （例）従業員等が企業の保有する個人情報データベース等を無断で第三者に提供し、その対価として金銭などを得た場合
- ・個人情報データベース等提供罪を犯した従業員等が所属する事業者にも罰金刑が適用される

# 第5章

# マイナンバー（特定個人情報）の取扱い

マイナンバー制度が実施され、民間企業や事業者はどんなことをしなければならないのでしょうか。

主に社会保障や租税に関する分野について対応が必要になります。

　マイナンバー法に基づいて、平成27年10月より、住民登録されているすべての住民と法人を対象に、それぞれ個人番号・法人番号が通知・利用される制度が実施されています。現在は主に、社会保障や租税に関する分野において、個人番号や法人番号が利用されています。マイナンバー制度のしくみは、①それぞれの個人番号や法人番号を交付・通知する手続き（付番）、②本人確認機能、③様々な行政サービスにおける情報の連携に分類することができます。民間企業においてどのような事務について、マイナンバー等への対応が必要になるのか見ていきましょう。

① 社会保障に関連する事務

　たとえば、従業員等の健康保険に関する「被保険者資格取得届」が挙げられます。新たに従業員を雇用するような場合には、「社会保険被保険者資格取得届」などの事務が必要です。従業員等は、基礎年金番号の記入が必要になるため、年金手帳等を紛失している場合には、年金事務所で再交付を受ける必要がありました。また、資格取得届の提出時に本人確認が必要になるため、とくに運転免許証などを持っていない場合には、区役所や市役所等から、住民票の写しや印鑑登録証明書を複数の機関を通じて用意しなければならず、手続きが煩雑でした。マイナンバー制度の適

用対象になったことで、このような煩雑な手続きは解消されています。その他にも、「健康保険被扶養者（異動）届」「傷病手当金支給申請書」などでマイナンバー制度への対応が必要です。

② 租税の分野で対応する必要がある事務

たとえば源泉徴収票を作成するにあたり、従業員等の正確な所得状況等を把握するために、マイナンバーが利用されます（従業員等の本人に交付する源泉徴収票にはマイナンバーの記載が不要です）。また、扶養控除等の申告、財産形成非課税住宅貯蓄申告書などでマイナンバーが用いられます。

③ 従業員等以外にも番号の提供を要求する場合

たとえば事業者である個人に対する支払調書を作成するにあたり、その個人が企業に対して、マイナンバーを知らせる必要があります（本人に交付する支払調書にはマイナンバーを記載しません）。

マイナンバー制度の対象事務は今後さらに増えていくことが予定されています。たとえば、戸籍に関してもマイナンバー制度の導入が検討されています。実現されると、婚姻届やパスポートの申請、老齢年金の請求時等に、戸籍謄本等の提出が不要になり、様々な手続きが簡略化されることが期待されています。

■ **必要になる事務** ⋯⋯⋯⋯⋯⋯⋯⋯⋯⋯⋯⋯⋯⋯⋯⋯⋯⋯⋯

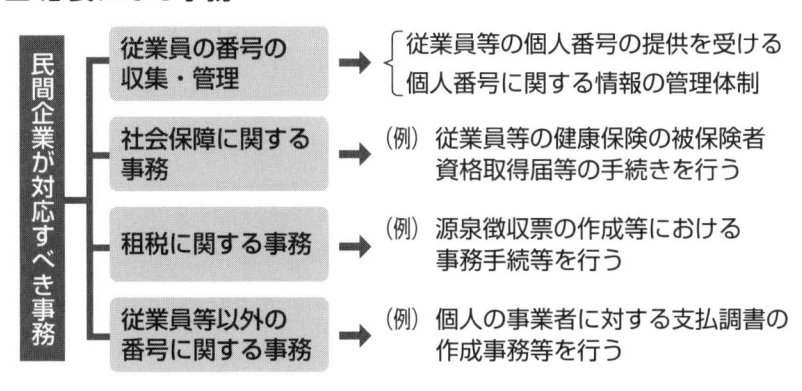

# 個人番号利用事務に該当しない場合にはどんな場合があるのでしょうか。

 システムの保守サービスや郵便事務等は個人番号利用事務にあたりません。

　個人番号利用事務とは、行政事務を処理する者（行政機関や地方公共団体など）が、その保有する「特定個人情報ファイルにおいて個人情報を効率的に検索し、及び管理するために必要な限度で個人番号を利用して処理する事務」（マイナンバー法2条10項）のことで、広くマイナンバーに関する事務を含みます。しかし、マイナンバーを取り扱っているように見えても、個人番号利用事務に該当しない場合があります。

　マイナンバーが含まれたデータについて、システムの保守サービスを行うことは、個人番号の安全管理に関わる事務処理であるため、個人番号利用事務にあたります。しかし、純粋に情報システムの保守サービスに従事することや、事前にアクセス制限が施されていて、保守サービスに関する事務処理にあたり個人番号を閲覧できない場合には、個人番号利用事務にはあたらないと判断されます。また、個人番号が記載された書類について、郵便配達を利用する場合に、郵便配達業者が特別にマイナンバーが記載されている書類の配送を委託された場合などは例外ですが、郵便配達事務は個人番号利用事務に該当しません。個人番号記載の書類等の印刷を依頼された業者が行う印刷事務も個人番号利用事務にはあたりません。

# マイナンバーの記載が猶予されている書類にはどのようなものがあるのでしょうか。

金融取引において大量に取得される法定調書については、制度開始後３年間マイナンバーの記載が猶予されます。

原則として、租税分野の書類に関しては、マイナンバーの記載が義務付けられています。しかし、税務署に提出が義務付けられている資料（法定調書）の中には、量が膨大に及ぶために、マイナンバー制度の導入に、即座に対応することが困難な書類も存在します。とくに金融業務を取り扱う企業は、その他の業種の企業とは異なり、金銭について大量な取引を行っています。そこで、支払調書に代表される法定調書について、そのすべてにマイナンバーを設定しなければならないとすると、その負担はあまりにも重すぎます。そこで、マイナンバー制度導入にあたり制定された整備法等において、契約済みの金銭の支払いに関する一部の法定調書については、マイナンバー制度開始の平成28年１月１日から３年間マイナンバーの記載が猶予される規定が置かれています。対象になる法定調書として、国税庁のホームページには20種類の書類が掲載されています。大まかに分類すると、①利子等の支払調書、②配当や剰余金の支払調書、③株式等に関する支払調書、④投資信託等に関する支払調書、⑤先物取引に関する支払調書、⑥金地金等に関する支払調書、⑦名義人等の利子・配当等に関する支払調書、⑧口座年間取引報告書、⑨国外送金、証券移管

等調書に分けることができます。

　もっとも金融業務を取り扱う企業も、一般の民間企業と同様の手続きをふまえて、従業員等からマイナンバーを取得することになります。その際に、金融業務を取り扱う上で、顧客のマイナンバーを利用して事務を処理するという場合もあります。顧客から、顧客自身のマイナンバーの提供を受ける場合には、利用目的の特定が必要になります（特定ガイドライン4-6）。たとえば、「金融商品に関する支払調書の作成事務のため」といった程度まで特定して、顧客に対して示す必要があります。また、マイナンバーの提供の要求についても、金融業務を取り扱う企業に関して、特例が認められています。本来は、マイナンバーに関する事務を処理する必要が生じた場合に、マイナンバーの提供を求めることが許されますが、たとえば、証券口座や投資信託口座などの一般口座開設の場合には、口座開設時点で顧客に対して、マイナンバーの提供を求めることが許されています。

## ■ 金融業務におけるマイナンバーの取扱いに関する特例 ………

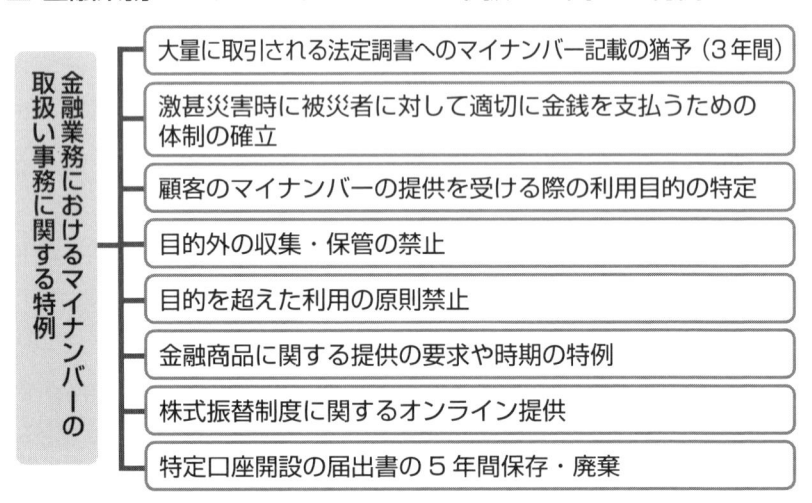

金融業務におけるマイナンバーの取扱い事務に関する特例

- 大量に取引される法定調書へのマイナンバー記載の猶予（3年間）
- 激甚災害時に被災者に対して適切に金銭を支払うための体制の確立
- 顧客のマイナンバーの提供を受ける際の利用目的の特定
- 目的外の収集・保管の禁止
- 目的を超えた利用の原則禁止
- 金融商品に関する提供の要求や時期の特例
- 株式振替制度に関するオンライン提供
- 特定口座開設の届出書の5年間保存・廃棄

# 出向・転勤・合併時の取扱いについて教えてください。国外へ転勤になった場合にはどうなるのでしょうか。

給与支払者との関係により、国外転勤時は住民票登録の有無でマイナンバーの取扱いが変わります。

　従業員等が出向・転勤になり勤務先が変更になった場合、給与支払者の変更の有無によりマイナンバーの取扱いが異なります。

　給与支払者に変更はなく勤務先のみが変更になる場合には、マイナンバーをはじめに提供した企業（出向元など前の勤務先）が、依然として、その従業員等のマイナンバーの取扱事業者であることに変わりはありませんので、改めて番号取得等の手続きを出向先の企業との間で行う必要はありません。

　これに対して、給与支払者に変更がある場合には、出向・転勤によって、以後はその従業員等のマイナンバーに関する取扱事業者は、出向先の企業になるため、原則として、改めて出向先の企業が、番号取得手続および本人確認手続を行うことになります。そして出向元の企業では、その従業員のマイナンバーを保管する権限はなくなりますので、目的外の管理にならないように廃棄・削除義務が生じます（特定ガイドライン4-3-3）。

　もっとも、出向元の企業と出向先の企業との間で、マイナンバーの取扱いについて代理または委託契約が結ばれている場合には、出向元の企業が従業員からマイナンバーの告知を受け、本人確認を行うとされている場合が通常です。そこで、出向先のマイ

ナンバー取扱事務について、出向元の事業者が改めて本人確認を行う（本人の意思を介在させる）ことで、出向先の事業者にマイナンバーを提供することが認められます（特定ガイドライン4-3-2）。また、企業間で合併が行われた場合には、包括承継と言われているように、一般にマイナンバー取扱事務についても、合併後の企業が元の企業の事務を引き継ぐと考えられます。元の企業は、従業員等に明示していた範囲内でマイナンバーを利用する限り、すでに取得していたマイナンバーを合併後の企業に提供することができます。

　国外に転勤になった場合、マイナンバー制度は住民登録をしている者について対象になる制度ですので、転勤先についてマイナンバー制度の対象外になることはもちろんですが、帰国後は、かつて使用していた番号を継続して利用することができます。もっとも、マイナンバーが付番される平成27年10月の時点ですでに国外に転勤し、住民登録がない場合には、帰国後、住民登録を経た後にマイナンバーを割り当ててもらうことになります。

### ■ 出向・転籍・合併の際の取扱い …………………………………

| | | 給与支払者の変更あり | 給与支払者の変更なし |
|---|---|---|---|
| 出　向 | | 番号取得手続<br>＋<br>本人確認手続きが必要<br>※（注1）・（注2） | 改めて番号取得手続をとる<br>必要はない |
| 転　籍 | | | |
| 合　併 | | 元の事務を引き継ぐため、個人番号取得手続は不要 | |

（注1）出向元等の企業は、個人番号の削除・廃棄義務が生じる。
（注2）出向元等の企業と出向先等の企業との間で個人番号の取扱いについて代理・委託契約を結んでいる場合には、出向元等が改めて本人確認手続等を行うことで、出向先等にマイナンバーを提供できる

マイナンバーを取り扱う際に企業の担当者はどのような事項に気をつける必要があるのでしょうか。

利用目的を超えた個人番号の収集や保管は禁止されています。

マイナンバーを含む情報は、原則として特定個人情報と呼ばれる情報ですので、個人情報保護法の適用があります。そこで、個人情報保護法に規定されているように、企業側が従業員等のマイナンバーを取得する必要がある場合には、従業員等が、マイナンバーが何に利用されるのかがわかる程度に、目的が特定されていなければなりません。そこで企業側としては、具体的な事務の内容を示して、通知を行う必要があります（特定ガイドライン4-6）。

●収集・保管に際しての注意点

マイナンバーは、プライバシーの問題を生じさせるおそれがあるため、その取扱いには慎重な姿勢が求められます。

① 収集

従業員等のマイナンバーを取得後、取得したマイナンバーに関する情報を収集することになります。その際、担当部署に個人番号記載書類の運送を担う者は、自分の手元に、マイナンバーを含む情報を残すことはできません。マイナンバー法によると、社会保障・租税または災害対策など、必要な目的以外で個人番号を収集することは許されないからです。マイナンバーの収集は、ただ個人番号を閲覧するだけではなく、メモをとるなどして書き取ることや、パソコンの画面上に映された番号をプリントアウトする

ことなどを広く含むと考えられています。

② **保管**

収集と同様、目的外の保管は許されません。また、一定期間マイナンバーが記載された書類を保存する義務がある場合がありますが、一定期間経過後は、速やかに書類の廃棄・削除を行わなければならないと規定されています（特定ガイドライン4-3-3）。

● **業務委託は可能だが適切な管理監督が必要**

民間の企業には努力義務が課せられています。努力義務とは、マイナンバー法に可能な限り協力してくださいということです。

また、マイナンバーは定められた目的以外に使うことはできません。マイナンバー法はもともと行政手続きを行うにあたり、情報を管理しやすく、手続きも迅速に行うことができることを目的に制定されました。そのため、民間の企業がたとえばマイナンバーを名前の代わりに使用することは許されません。

さらに、個人番号利用事務（地方公共団体などが個人情報を効率的に検索・管理するために必要な限度で個人番号を利用して処理する事務のこと）と個人番号関係事務（個人番号利用事務に関して行われる他人の個人番号を必要な限度で利用して行う事務のこと）の委託には制限があります。企業の中には、マイナンバー等の管理体制を構築することはできないので、他の企業等に対してマイナンバーの管理を業務委託することを考えるところもあるでしょう。業務委託自体はもちろん可能です。しかし、これには制限があり、委託先に対する適切な監督が求められます（特定ガイドライン4-2-1）。そのため、企業は業務の委託先を慎重に選ぶ必要があり、場合によっては自社で行った方がよいともいえます。

マイナンバー制度の運用に際して、どのような点に注意する必要があるのでしょうか。

取扱内容の検討を行い、社内の基本方針を定めるとともに、従業員に周知する目的で社内規程を設ける必要があります。

　特定個人情報は、個人情報の中でもとくに慎重な取扱いを要するものです。特定個人情報は、マイナンバー法によって利用範囲が制限されており、自由に使用することは許されません。また、個人情報の場合は、本人の同意があれば外部機関や第三者への提供が可能ですが、特定個人情報の場合は本人の同意にかかわらず、外部機関や第三者への提供が禁止されています（マイナンバー法19条）。そのため、会社は従業員の特定個人情報を、実際にどのように取り扱い、運営していくかを検討しなければなりません。

　検討の際にまず行うことは、特定個人情報を「いつ・どの頻度で・どれだけの量を」取り扱うかを洗い出すことです。扱うケースについて正確に把握することで、適切な管理が可能になります。

　具体的な取扱い場面の想定が完了した後に、次は実際に取扱手続きの内容についてシミュレーションします。書類のどの部分に特定個人情報が必要なのか、または手続きにどの程度の時間がかかるのかを検討することで、作業要員や必要となるシステムの必要性が判明します。

●基本方針を決める

　特定個人情報の取扱内容の洗い出しや検討が終了した後は、会

社の基本方針を決定します。具体的には、「どこまでの部分を自社内で処理するか」を決定する必要があります。利用内容が想定の範囲内であり、自社内でまかなうことが可能だと判断した場合は、すべての手続きを自社内で行うという方法があります。この場合、外部へ委託する際にかかるコストを削減することが可能であり、外部へ特定個人情報を漏えいさせる危険性を低く抑えることができます。ただし、特定個人情報に関する社内規程を設けるなど、社内での管理体制を万全にする上で不安がある場合には、弁護士や税理士、社会保険労務士など専門家に依頼することも可能ですが、一定のコストがかかることに留意が必要です。

●社内規程で具体的に何を定めるのか

実際に会社で特定個人情報の利用を開始する場合、まずは特定個人情報の利用内容や、検討した適切とされる管理体制を社内で周知させます。特定個人情報は各従業員のプライバシーに関わる重要な情報であるため、社内での取扱いを不安に思う人がいるかもしれません。このような場合に備えて、利用内容の掲示をする方法や、不明点の問い合わせ窓口を設けることも有効です。

その上で、従業員が安心して会社に特定個人情報の提供をすることができるように、特定個人情報に関する社内規程を定めます。具体的には、以下の手順で社内規程を定めていきます。

① 特定個人情報を取り扱う組織や部署を明らかにする
② 社内での特定個人情報の取扱い内容を定める
③ 特定個人情報の収集方法について具体的に示す
④ 取扱手順や取扱場所、担当者の明示をする
⑤ 安全管理措置についての説明をする
⑥ 相談窓口や請求権に関する規定を設ける

**社内規程や外部委託書類はどのように整備したらよいでしょうか。**

マイナンバーの重要性を考慮して徹底した安全管理を行う必要があります。

　従業員の個人情報の中でも、マイナンバーを含む情報はとくに慎重な取扱いが求められる「特定個人情報」です。そのため、漏えいによる不正使用を防ぐよう、厳重な安全対策を取らなければなりません。これまで、個人情報の取扱いについての体制を設けていた会社も、自社での安全体制を見直した上で、不十分な部分を補充していく必要があります。具体的には、社内の安全体制を盤石にするために定める就業規則の見直しや、必要に応じて作成する必要がある特定個人情報に特化した規定などが挙げられます。また、特定個人情報を外部機関へ委託する必要がある場合は、その旨の規定や内容を網羅した契約書が必要です。

　まず、就業規則にマイナンバーの収集方法や利用目的、退職時の破棄などについての手順を定めることで、従業員に対してマイナンバーの厳重な取扱いや、安全体制の存在、その必要性を周知徹底させることができます。そして、入社時の必要書類の中に「個人番号カードまたは通知カード」を加え、従業員のマイナンバーが確認できるようにします。

　また、従業員のマイナンバーを利用する際には、利用目的を明示する必要があります。また、マイナンバーに関する会社側の依頼について、従業員の協力義務を規定しておくことも有用です。

# マイナンバーの取扱いに関する規程を作成する上でのポイントにはどのような点がありますか。

マイナンバーを適切に管理するために、基本方針と取扱規程の策定が重要です。

「特定個人情報の適正な取扱いに関するガイドライン」(特定ガイドライン)は、民間企業におけるマイナンバーに関する安全管理措置の手順について定めを置いています。マイナンバーを含む情報(特定個人情報)を取り扱う体制を整備する上で、とくに重要な基本方針や取扱規程を策定することが、従業員100名以下の中小規模の事業者を除くすべての企業に対して求められています。一度策定された基本方針や取扱規程は、その後の企業等の社員研修等、情報システムの整備・修正、または、企業の内部統制や監督体制の整備等において、ひとつの指針になるものですので、マイナンバー法に遵守していることはもちろん、企業の内情に合わせた内容を盛り込む必要があります。また、マイナンバーに関する業務を外部機関へ委託する場合、従業員の特定個人情報の秘密保持や利用目的の明示や持ち出しに関する規定を定める必要があります。

まず、基本方針についてですが、基本方針とは、企業が組織として、一体となってマイナンバーに関する情報を適正に扱うための指針を示したものです。マイナンバーに関する情報を取り扱う際に遵守すべき法令やガイドラインを明確化し、安全管理措置について整備すべき事項や、質問・苦情処理のための担当部署や手

続きについての定めが置かれています。

　次に、取扱規程とは、事業者ごとに、それぞれの事業形態に合わせて作成した具体的な定めをいいます。マイナンバーを管理する必要が生じる各事務処理の段階ごとに、マイナンバーの取得方法、管理の責任者やその事務内容に関して定めを置きます。特定ガイドラインでは、源泉徴収に関する事務を例に、以下のような取扱規程で定めるべき事項が挙げられていますので、これらを含めた事項を具体的に定めることが要求されます。

① 　マイナンバーに関する書類を従業員等から取得する方法
② 　受領した書類を源泉徴収票作成の部署まで移動する方法
③ 　マイナンバー等のデータを情報システムに入力する方法
④ 　源泉徴収票の作成方法
⑤ 　源泉徴収票の行政機関への提出方法
⑥ 　源泉徴収票を従業者等の本人への交付方法
⑦ 　源泉徴収票の控え、従業員から提出された書類や情報システムにおけるファイルの保管方法
⑧ 　法定保存期間が経過した源泉徴収票の控えなどの廃棄・削除

## ■ 特定個人情報取扱規程とは　………………………………………

**【例】源泉徴収票の作成等の事務で、取扱規程によって定めておくべき情報**

| | |
|---|---|
| ① | 従業員等からマイナンバーに関する情報を含む書類を取得する方法 |
| ② | ①で受領した書類を担当部署に移動する方法 |
| ③ | マイナンバーに関する情報に関して、データの入力方法についての定め |
| ④ | 源泉徴収票の作成方法 |
| ⑤ | 源泉徴収票の行政機関への提出方法 |
| ⑥ | 源泉徴収票の従業員等に対する交付方法 |
| ⑦ | 必要情報に関するファイルの保管方法 |
| ⑧ | 法定保存期間経過後の廃棄・削除に関する定め |

# 個人情報保護規程と特定個人情報保護規程の関係について教えてください。2つ規程を作る必要はあるのでしょうか。

**Answer** 慎重な取扱いが要求される特定個人情報に特化した規程を別途作成する必要があります。

　個人情報にまつわる管理規程は、その会社における個人情報の取扱いに関する基本方針を示すために作成するものです。

　たとえば、勤務時間や休憩、休日、給与などの情報を従業員に伝えなければ、従業員はそれらを知らないまま働くことになり、会社がうまく立ち行かなくなります。こうしたことを防ぐために会社側が就業規則や給与規程を作成し、従業員に周知させることになります。管理規程も同様で、個人情報を保護するために必要となる会社内での管理体制を明確にし、個人情報の取扱い方法を周知させるために作成します。個人情報の収集方法から利用体制、保管の方法を具体的に明示した上で、退職者の情報の破棄に関する内容までを網羅させます。

## ●他の情報管理規程との関係

　会社には、外部に漏えいすることで損害を被る機密情報が多々あります。情報の種類は多岐にわたるため、それぞれの内容に応じた管理規程を設け、適切に管理する必要があります。

　たとえば、会社の損益に関わる情報の管理は「情報管理規程」を設けることで行います。情報も社内の資産であるため、厳重な管理が必要です。未公開の情報から公開情報まで、段階に沿った管理方法を定めます。また、セキュリティ部門にまつわる管理は

「情報セキュリティ規程」によって行います。システムの管理や利用方法などを明示する他、個人的に利用することも多い電子メールやSNSの利用規則も定めていきます。そして、従業員による個人情報の取扱いに関する規程として「個人情報保護規程」があります。個人情報保護方針またはプライバシーポリシーと呼ぶこともあります。個人情報の利用範囲や外部への提供に関する制限、保護のための配慮措置などを定める必要があり、個人情報を保護するための安全管理措置のひとつとして設けることになります。

### ●2つ規程を作る必要があるのか

特定個人情報は、個人情報に比べ厳重な取扱いが求められる情報で、個人情報保護法とマイナンバー法の双方の規制を受けるものです。そのため、特定個人情報に特化した保護規定である「特定個人情報保護規程」を設ける必要性が生じることになります。

すでに個人情報保護規程を設けている会社の場合は、新たに特定個人情報保護規程を作成する必要はなく、既存の規定に改正を加える形を取ることが可能です。しかし、特定個人情報は個人情報とは異なり、利用範囲が明確に定められています（マイナンバー法9条）。たとえ従業員本人の同意があったとしても、利用範囲を超えた手続きに特定個人情報を利用することはできません。また、第三者への提供についても、特定個人情報の場合は、マイナンバー法の定めがある場合を除いて禁止されています（マイナンバー法19条）。さらに、特定個人情報に関する事務を委託する会社の場合は、委託先や再委託先などに対する監督義務が生じ、安全管理措置の実施も必要です。

このように、特定個人情報には、個人情報との相違点が多々存在します。そのため、既存の個人情報保護規程に加え、特定個人情報保護規程を別途設ける方が手続きにおいて煩雑にならない可能性もあります。

# データの保存期間や廃棄・削除についてどのような規制が設けられているのでしょうか。

 法により保存や廃棄しなければいけない場合が義務付けられます。

マイナンバー法により、法定保存期限がある書類・帳票は、法定保存期限が過ぎたときに、廃棄しなければなりません（特定ガイドライン4-3-3）。法定保存期限がある書類・帳票には、雇用契約書、賃金台帳、扶養控除等申告書などがあります。なお、マイナンバーが記載されている法定保存期限がある書類、台帳であっても、マイナンバー自体には法定保存期限があるわけではありません。特定ガイドラインでは、必要な事務を処理する必要が認められる限り、個人番号を保管することができると記載しています（特定ガイドライン4-3-3）。しかし、事務処理の必要がなくなった場合は速やかに廃棄しなければなりません。廃棄の際には、以下の点に気をつける必要があります。

① 廃棄する書類・台帳の単位

マイナンバーが記載されている1つの書類を複数の目的で使用している場合は、すべての目的がなくなった時点で書類を廃棄します。これに対して事務処理ごとにマイナンバーを複数保管している場合は、個別に書類を廃棄します。そのためマイナンバーを保管している数が多いほど、管理する書類が多くなります。

② 廃棄のタイミング

マイナンバーが記載される書類等の中には、法令により法定保

存期間が定められているものもあります。特定ガイドラインでは、事務処理上の必要がなくなり、本来はマイナンバーを廃棄しなければならない場合でも、書類等の法定保存期間を経過するまで、その書類等に記載されたマイナンバーを保管すると記載されています。そして、法定保存期限を過ぎた後に、できる限り速やかに書類等を廃棄する必要があります（特定ガイドライン4-3-3）。これは、法定保存期限を過ぎた後に、一刻も早くという意味ではなく、可能な限り早く廃棄しましょうという趣旨です。そこで、業種等により廃棄のタイミングが異なる場合も考えられます。

③ 廃棄の方法

　廃棄は、復元不可能な方法で行わなければなりません。たとえば、データ上で保管している個人情報を他の者が閲覧できないようにするなどの方法では廃棄とはいえません。データ上の情報であれば、データ部分の削除が求められます。また、紙ベースの情報であれば、情報の部分を黒く上塗り（マスキング）することで、部分的な廃棄も可能です。つまり、管理者も含めた誰もが、二度と個人番号等の情報を見ることができない状態にする必要があります。

■ **データや書類の廃棄** ………………………………………………

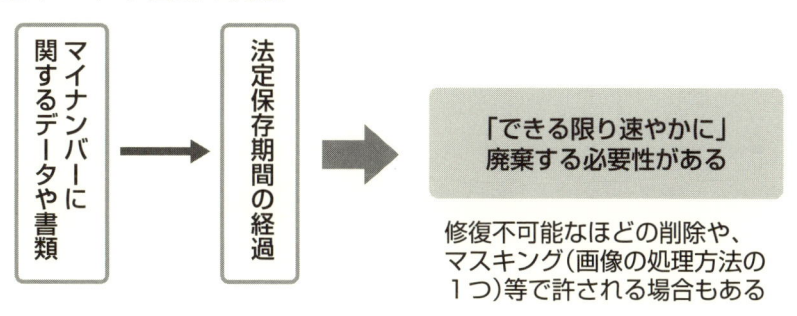

 マイナンバー法に違反した場合にどのような罰則規定が設けられているのでしょうか。

 漏えい等に対して、懲役や罰金刑を含む厳しい罰則が設けられています。

　個人情報保護法も個人情報の取扱いにつき罰則規定を置いていますが、マイナンバー法の罰則規定はどれも個人情報保護法の罰則規定より重い規定を置いています。以下で見ていきましょう。

　まず、①マイナンバーの利用に関して、正当な理由なく業務で取り扱う特定個人情報ファイル（マイナンバーを含む情報の集合物）を故意（わざと）に漏えいした者は、4年以下の懲役または200万円以下の罰金が科されます（マイナンバー法51条）。また、②業務に関して知り得た個人番号を不正な利益を図る目的で提供または盗用した場合、3年以下の懲役または150万円以下の罰金が科されます（マイナンバー法52条）。

　①、②に関しては懲役と罰金が同時に科されることもあります。罰則規定を受ける対象は企業等で「個人番号利用事務等に従事する者等」です。これには事務の関係者の他、事務に従事していた者も含まれ、その企業を辞めたとしても罰則の対象者から外れないことに注意が必要です。

　次に、③人を欺き、暴行を加え、または脅迫することにより、または財物の窃取、施設への侵入、不正アクセス行為等により個人番号を取得した場合は3年以下の懲役または150万円以下の罰金が科されます（マイナンバー法54条）。さらに、④偽り、その

他不正の手段により通知カードまたは個人番号カードの交付を受ける行為をした場合は6か月以下の懲役または50万円以下の罰金が科されます（マイナンバー法58条）。

③、④に関しては罰則の対象は限定されませんので、個人番号等を扱っていない人も対象になります。

●罰則規定を軽視してはいけない

個人番号等を悪用した場合に罰則の対象になります。また、法人の従業員が罰則の対象となる行為を行った場合、本人だけでなく、法人にも罰金刑が科されます（マイナンバー法60条）。

また、個人情報保護法に違反したときには、まず個人情報保護委員会による命令が行われ、企業が命令に従わない場合に罰則を科すのが基本形です。しかし、マイナンバー法違反に対しては、個人情報保護法違反よりも、罰則がダイレクトに従業員および企業に科されるケースが多くなっています。

### ■ 罰則のまとめ

| 対　象 | 行　為 | 罰　則（法定刑） |
|---|---|---|
| 個人番号利用事務等に従事する者等<br>※従事していた者を含む | 正当な理由なく業務で取り扱う特定個人情報ファイルを漏えいする | 4年以下の懲役または200万円以下の罰金（併科のこともあり） |
| | 業務に関して知り得た個人番号を不正な利益を図る目的で提供、または、盗用する | 3年以下の懲役または150万円以下の罰金（併科のこともあり） |
| すべての者 | 人を欺き、暴行・脅迫により、または、財物の窃取、施設への侵入、不正アクセス等により、個人番号を取得する | 3年以下の懲役または150万円以下の罰金 |
| | 偽り、その他不正な手段により通知カード、個人番号カードの交付を受ける | 6か月以下の懲役または50万円以下の罰金 |

# 株主の個人番号の取得と保管についての注意点を教えてください。

**Answer** 取得する際は本人確認を行い、保管する際は安全管理体制の構築が要求されています。

　税務署に提出する支払調書を作成する場合には、株主及び発行者の個人番号（マイナンバー）又は法人番号を記載する必要があります。なお、株主（支払いを受ける者）の個人番号の記載は平成28年1月1日から3年間猶予されています（145ページ）。一方、株主に交付する支払調書には個人番号を記載しません。

　株主の管理を自社で行っている場合は、株主から個人番号を取得し、管理します。株主から個人番号を取得する場合は、利用目的の明示と本人確認を行わなければりません。そして、株主から取得した個人番号の保管に関しては、たとえば個人番号を含むデータのファイルにパスワードを付すなど、安全管理体制の構築や、構築した管理方法の社内への周知等をするようにしましょう（特定ガイドライン〔別添〕）。

　個人番号を取得するタイミングですが、株主への支払の確定の都度、個人番号の告知を求めることが原則となっています。ただし、非上場会社が支払調書の作成事務を行う場合には、その株主が株主としての地位を得た時点で番号の提供を求めることも可能です（特定ガイドライン4-3-1）。なお、信託銀行等に株主管理業務を委託している場合は、個人番号に関する業務の委託を、委託内容に追加する必要があります。

# Q13 Question 特定個人情報に関する安全管理措置は、通常の個人情報の安全管理とはどのような違いがあるのでしょうか。

 **Answer** 個人情報保護法における安全管理措置を基に、より厳重な安全管理措置が要求されています。

　企業内で特定個人情報（マイナンバーを含むデータ）を扱う業務をすべて洗い出し、管理における注意点や作業の方法、留意点を明示します。その上で、取扱事務の従事者を始めとした従業員への周知や教育を行い、管理体制を整えます。安全管理措置については、個人情報保護法にも規定があります。しかし、特定個人情報に関しては、情報を取り扱う責任者の明確化や、実際に情報漏えいなどの問題が起きた場合の連絡体制等について、通常の個人情報よりも強固な体制を整えておく必要があります。また、特定個人情報についてクラウドサービスを通じて情報のやり取りが行われる場合、原則としてクラウドサービス事業者は、特定個人情報の安全管理措置を行う義務を負います。なお、社内で定めた取扱規程に則った運用を確認する手段を整備した上で、常に安全管理措置の見直しや改善に取り組むことが重要です。以下では安全管理措置について見ていきましょう。

## ●人的安全管理措置について

　マイナンバーに関する事務を処理する担当者は限定されています。そこで企業側は、事務担当者に対して、取扱規程に照らして、適切にマイナンバーに関する事務を行っているのかを監督する体制を整えておく必要があります。また、従業員等に対する徹底し

た周知をめざすために、定期的な教育・研修等を行うとともに、みだりに公表することにより、第三者に知られることがないように、就業規則において、特定個人情報に対する秘密の保持義務を盛り込んでおく必要もあります。

●物理的安全管理措置について

　企業側は、使用するシステムに対して、ICカードなどによる入退室の管理体制（このように管理している区域を管理区域と呼んでいます）や、管理区域に対する機器等の持込を制限する必要があります。また、マイナンバーなどの情報が漏えいすることを防ぐために、電子媒体に含まれる情報であれば、パスワード化や暗号化することにより、容易にアクセスすることができないようにしておきます。さらに、法定の保管期限が経過したマイナンバーについては、簡単に復元されることがないような形で、削除・廃棄するための体制を整えておく必要があります。

●技術的安全管理措置について

　マイナンバーを含む情報の集合物（特定個人情報ファイル）にアクセスできる者を限定することで、情報の漏えいなどを防ぐことができます。とくに従業員の資格に応じてアクセスできる情報を限定し、不要な情報にはアクセス権限を与えないようにしておけば、厳格な安全管理体制を採ることができます。そして、アクセス権限を与えられた者についても、アクセスのたびに識別・認証するための制度を整えておく必要があります。具体的には、認証用のユーザーIDやパスワードの設定などが考えられます。

　また、ファイアウォールやウィルス対策ソフトを導入しておくことで、外部からの不正なアクセスを検知することができれば、従業員等のマイナンバーに関する情報等を、ウィルスやスパイウェアの感染から保護することもできる上、情報が外部の第三者の手に渡ることを防ぐことができます。

# 中小規模事業者についての安全管理措置の特例にはどのようなものがあるのでしょうか。

中小規模事業者は部分的に安全管理措置の範囲が緩和されています。

中小企業が大企業と同レベルの安全措置をとらなければならないとなると、あまりにも中小企業の負担が大きくなり過ぎます。そこで、特定ガイドラインの「（別添）特定個人情報に関する安全管理措置」によって、中小企業については特例的な措置として、その他の事業者と比べて安全管理措置の一部が緩和される取扱いになっています。特例措置の対象になる中小企業は「中小規模事業者」と言われ、従業員100名以下の金融分野以外の事業者であると定義されています。ただし、個人番号利用事務実施者等に該当する事業者は、特例措置の対象外とされています（中小規模事業者から除外）。たとえば、従業員が100名以下であっても、健康保険組合は個人番号利用事務実施者であるため、この特例措置の対象にはなりません。

また、委託に基づいて個人番号関係事務または個人番号利用事務を業務として行う事業者も、特例措置の対象外とされています。特定個人情報に関する委託を受けた事業者は、安全管理措置に関して委託者自身が行うべき内容と同程度の安全管理措置を講じなければならないからです。つまり、委託を受けた事業者の規模が小さくても、委託した事業者自身が行う場合と同程度の安全管理措置を実現しなければなりません。

整備する必要がある安全管理措置は、特例措置の対象外である通常の事業者と同様であり、①組織的安全管理措置、②人的安全管理措置、③物理的安全管理措置、④技術的安全管理措置の4種類が挙げられています。

### ●組織的安全管理措置に関する中小規模事業者に対する特例

中小規模事業者については、担当者が処理すべき事務の役割分担や、情報漏えいが発生した場合における連絡体制の整備に関して、詳細に定めておくことまでは義務付けられていません。

また、マイナンバーに関する事務を適正に処理するため、企業側には取扱規程に沿った運用が期待されていますが、取扱規程に沿っていることを確認する場合に、中小規模事業者には特例が規定されています。つまり、通常の事業者は情報の利用状況等について個別に記録を残す必要がありますが、中小規模事業者は、一般的な記録を残す体制さえ整っていれば、個々のマイナンバーの利用状況等に関して詳細に記録しておく必要まではありません。

さらに、中小規模事業者は、マイナンバーなどの情報漏えいが発生した場合に備えて大まかな連絡体制を整えておけば足り、情報漏えいの事実を公表することまでは義務付けられていません。そして、安全管理措置の見直しや改善等に関しても、定期的な点検等を行うことで足りるとされています。

### ●人的安全管理措置に関する中小事業者の取扱い

人的安全管理措置に関しては、中小規模事業者においても他の事業者と同水準の体制を整備する必要があります。

### ●物理的安全管理措置に関する中小事業者の特例

中小規模事業者は、電子媒体等を外部に持ち出す際には、データの暗号化等まですることは義務付けられておらず、電子媒体や書類について、パスワードの設定や封を施して搬送するなどの注意を払えばよいとされています。また、法定の保管期限が経過し

た場合、またはマイナンバーに関する事務を行う必要がなくなった場合であっても、マイナンバーなどの情報の削除・廃棄について、責任者が確認する必要はありますが、焼却や溶解等の措置をとることまでは義務付けられていません。

●技術的安全管理措置についての取扱い

　マイナンバーなどの情報について、アクセスを制御する措置や、アクセス権者の識別・認証に関しては、中小規模事業者について

## ■ 中小事業者に認められる安全管理措置の特例 ···················

| | 特例の対象 | 中小規模事業者<br>(従業員100名以下で、金融・個人番号利用事務実施者等以外) |
|---|---|---|
| 安全管理措置に関する特例 | 組織的<br>安全管理措置 | ⇨ マイナンバーに関する事務の担当者の役割分担、情報漏えい時の連絡体制の構築は義務付けられていない<br>⇨ 取扱規程に基づく運用の確認<br>　⇒個々の利用状況等についてまで記録を残す必要はない |
| | 人的<br>安全管理措置 | ⇨ 他の事業者と同様（特例的措置はない） |
| | 物理的<br>安全管理措置 | ⇨ 電子媒体の持ち出し<br>　⇒パスワードの設定または封を施せばよい。データの暗号化は不要<br>⇨ マイナンバーを含む情報の削除・廃棄<br>　⇒焼却や溶解等の措置までは不要 |
| | 技術的<br>安全管理措置 | ⇨ アクセス権者の限定や、アクセス可能な情報の制限は義務ではない<br>⇨ アクセス権者の認証方法<br>　⇒磁気カードやICカードを用いる義務はない<br>⇨ 使用機器の限定<br>　⇒義務ではなく「望ましい」とされているにとどまる<br>⇨ 使用機器を使用する担当者を限定する義務はない |

特例が認められています。

　具体的には、中小規模事業者は、マイナンバーに関する事務を処理するシステムにアクセスする者の範囲や、アクセス可能な情報の内容に関する制限を設けることは義務付けられていません。また、アクセス権者に対する認証方法として、磁気カードやICカードを用いなければならないという、通常の事業者に認められている義務も、中小規模事業者に関しては定められていません。中小規模事業者においては、マイナンバーに関する事務を処理するのに用いる機器等を限定しておき、その機器等を使用する者を限定しておくことが望ましいとされているにすぎません。システム担当者の限定についても、使用機器等に標準に装備されているユーザー制御機能を用いることで足り、それ以外の特別な措置を施すことにより、担当者を限定することまでは要求されていません。

### ■ 中小規模事業者の安全管理措置 ……………………………………

**マイナンバー法** 1件でもマイナンバーに関する情報を保有する
事業者は安全管理措置をとる義務が生じる

**中小規模の事業者は負担が大きい**

**安全管理措置の一部が緩和**
（中小規模事業者についての
安全管理措置についての特例）

①従業員が100名以下
②金融分野以外の事業者である
③個人番号利用事務実施者等ではない
④委託に基づき個人番号関係事務または個人番号利用事務を行う事業者ではない
→健康保険組合は特例の対象外

## 安全管理体制を強固にするために大切なことは何でしょうか。

安全管理措置の定期的な記録や管理が大切です。

　企業で行う特定個人情報の安全管理措置は、定期的な記録と管理によって、より確実なものとなります。特定個人情報については、安全管理措置の構築自体が目的ではなく、従業員やその家族等の重大な情報を保護するために、運用記録等や物理的措置の劣化具合などを確認するきっかけを積極的に作る必要があります。

　まず、実際に整えた安全管理措置に沿って具体的に点検する内容を洗い出し、箇条書きにしてリストアップします。このリストに沿って安全管理が万全となるよう、リスト内容についての検討が必要になります。リストが完成した後、それをもとに定期的なチェックを行い、細部にわたり記録をとります。この記録により、管理体制の不備が明らかになり、より厳重な体制を作りあげていくことが可能になります。また、チェックリストによる定期点検に加え、内部チェックつまり監査を実施することが重要です。定期点検は主に業務に携わる者を上層部が確認するのに対し、内部監査は業務実施者とは異なる機関が客観的にチェックを行います。そのため、時には点検で見逃されていた部分を問われ、新たな問題点に気づかされる、という場合もあります。このように、業務遂行者や関係者による点検と、外部機関による監査を併用することで、安全管理体制がより強固になります。

## ガイドラインにはどんなものがあり、安全管理についてどんな考え方をしているのでしょうか。

一般企業対象のものと金融業者対象のものがあり、安全管理全般に関して規定しています。

マイナンバーを含む情報（特定個人情報）は、個人のプライバシーに関する重要な情報であるため、厳重な安全管理が必要です。民間企業が従業員等のマイナンバーを取得して、事務処理を行う場合もあるため、マイナンバーを扱う際に整備しておくべき安全管理体制について、ガイドラインが規定されています。企業側を対象としたガイドラインには、一般の企業を対象にした「特定個人情報の適正な取扱いに関するガイドライン（事業者編）」と、金融業者を対象にした「（別冊）金融業務における特定個人情報の適正な取扱いに関するガイドライン」の2種類があります。

一般企業を対象とした前者のガイドラインは、主に事業者が従業員等の個人番号を取り扱う場合を想定しています。金融業者を対象にした後者のガイドラインは、税・災害対策分野について顧客の個人番号を取り扱う場合の指針も示しています。

マイナンバーを記載すべき書類や、企業側が従業員等のマイナンバーを取得するために必要な本人確認手続等については、各省庁の政令が規定しています。

ガイドラインは、マイナンバーを含む情報の取得を目的の範囲内に限定することや、マイナンバーの収集、保管、第三者への提供を制限する場合について記載しています。

# 委託についてマイナンバー法と個人情報保護法の規定はどのように違うのでしょうか。

委託者は常に委託先を監督しなければならず、委託者の同意なく再委託ができません。

マイナンバー法の下では、改正個人情報保護法の下での個人情報取扱事業者と同様、件数の多寡に関わりなく、1件でもマイナンバーに関する情報を保有していれば、特定個人情報保護取扱事業者に該当します。そのため、マイナンバーに関する事務について委託が行われたときには、すべての場合について、委託者は委託先を監督する責任を負います。

再委託は、マイナンバー制度においても認められますが、最初の委託者の許諾を得なければ行うことができません（マイナンバー法10条）。この点は、個人情報保護法と大きく異なる点です。とくに、企業がマイナンバーを扱うにあたり負担が大きいのは、本人確認作業です。そのため外部業者への委託を行うことがよく行われますが、この本人確認作業を再委託することも可能です。

## ●委託先の監督について

委託者は委託先に対して、安全管理措置に関する監督責任を負います。マイナンバー法では、監督責任について「必要かつ適切な監督を行わなければならない」と規定しています（マイナンバー法11条）。それは、具体的にはどの程度の監督を要求しているのでしょうか。

委託者が負う監督責任の基準は、本来委託者が負担する安全管

理措置を、委託先においても実施できるか否かです。つまり、委託者自身がマイナンバーに関する事務を処理する場合に要求されるレベルの安全管理措置を、委託先が実現できているか否かを監督しなければなりません（特定ガイドライン4-2-1）。委託先でマイナンバーなどの情報が漏えいした場合には、委託先だけでなく、十分な監督措置をとらなかった委託者も、マイナンバー法に違反したとして法的責任を追及されるおそれがあるからです。したがって、委託先において自らが事務を処理するのと同様の安全管理措置をとっているのかを適切に把握する必要があります。

　もっとも、委託者が、マイナンバー法（さらには特定ガイドラインなどのガイドライン）が要求するレベルよりも、高度な安全管理体制をとっている場合も考えられます。この場合、委託者が委託先に対して自らと同様の高度な安全管理措置を整えるよう監督する責任を負うものではありません。あくまでもマイナンバー法が要求するレベルの安全管理措置をとるよう監督する義務を怠った委託者に対して、監督責任を追及する趣旨ですので、そのレベルの安全管理措置について監督責任を果たしていれば、監督責任を十分に果たしたものと判断されます。

### ■ 委託先への監督義務 ·················································

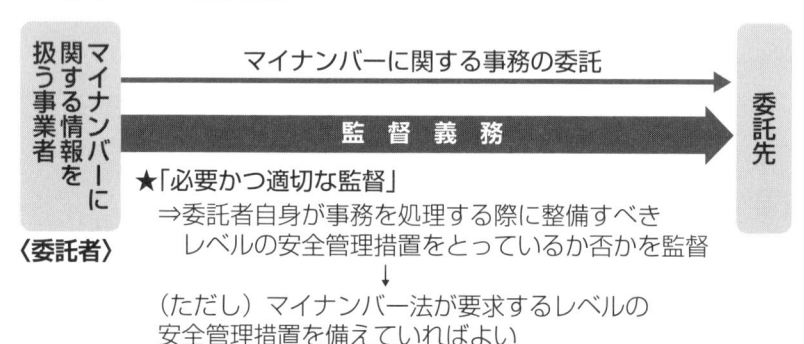

# Q18 Question

## 安全管理措置を遵守させるための契約について教えてください。どんな委託先を選んだらよいのでしょうか。

**Answer** 契約の方式は自由ですが、委託者と同程度の安全管理措置を整えられる委託先を選び、委託契約を結ぶ必要があります。

　委託者の監督責任の一環として、委託先に安全管理措置を遵守させるための委託契約（事務処理委託契約）を結んでおく必要があります。具体的には、具体的な作業の内容や方法や発注者が委託者の業務を把握するための定期点検や立入検査、報告義務、マイナンバーに関する情報に関する秘密保持義務、事業所からマイナンバーに関する情報を持ち出すことを制限する条項、目的外の利用を禁止する規定を盛り込むことが考えられます。

　また、あらかじめ、マイナンバーに関する情報が漏えいしたような場合の責任の内容や、利用目的が終了したような場合（または法定の保管期限が経過した場合）におけるマイナンバーに関する情報の廃棄・消去・返却の方法、従業員に対する教育体制のあり方や安全管理措置を遵守していることの報告を求める内容などを委託契約の内容に入れておけば、委託者が監督責任を行う上で有益でしょう。利用目的が終了したマイナンバーに関する情報を廃棄・消去した証明書を作成してもらうのもひとつの方法です。

　以上の契約の方式は基本的には自由ですので、書式等に厳格な規定があるわけではありません。

　なお、委託先が再委託先を定め、事務の依頼を行う場合も、契

約を締結する必要があります。再委託により事務処理に不具合が生じることのないよう、契約の内容は、委託者と委託先で交わされた契約内容と同等のものにしなければなりません。

### ●委託先は直接番号収集をすることができるのか

　マイナンバーに関する事務の委託を受けた委託先は、事務を処理するにあたって、必要になったマイナンバーに関する情報について、自ら収集することはできるのでしょうか。この点も、前述の委託契約の内容により異なってくると言われています。つまり、あらかじめ委託契約の内容として、委託先が直接マイナンバーに関する情報を収集することができると定めておけば、委託者の適切な監督の下で、直接マイナンバーに関する情報を収集することができます。

### ●委託先の選考基準

　委託先を選ぶ際には、マイナンバーに関する情報についての、委託先の安全管理措置のレベルが重要です。委託によってマイナンバーに関する情報が漏えいしないように、委託者は監督責任を負います。したがって、委託先を選定する場合には、マイナンバーに関する事務を自分自身が処理する場合に、果たすべきレベルの安全管理措置を備えているか否かが必要な基準になります（特定ガイドライン4-2-1）。

　具体的には、①委託先の候補としての事業者の経営状態や設備・技術レベルが、マイナンバーの安全管理措置をとる上で必要十分であるか否か、②従業員に対して、マイナンバーに関する情報についての教育や監督を適切に行うことができるか否か、などが基準になります。委託先としては、これらの基準を満たすと判断した相手方について、マイナンバーに関する事務を委託することになります。

# 第6章

# 秘密保持契約の
# 法律知識

業務を他の企業等に委託する場合に締結する秘密保持契約とはどのような内容の契約なのでしょうか。

委託された業務に関する情報の開示を受けた企業等はその情報を外部に漏らすことが禁止されます。

　秘密保持契約とは、企業が秘密情報を開示した場合に、その情報を外部に漏らさないことを約束させる契約のことです。企業の秘密保持は勤務する従業員との関係と、業務委託などで他社に自社の業務を委託する場合に問題となります。勤務する従業員との関係での秘密保持は178ページで後述します。ここでは、他社との関係での秘密保持契約の問題について見ていきましょう。

　業務を外部の企業等に委託することのメリットとして、外部業者の知識やノウハウを利用することで、効率的な業務の運営が可能になるとともに、業務の幅が広がるという点が挙げられます。しかし、その反面、他の業者に対して、自社が保有する大切な情報を開示することになりますので、自社の中で情報を管理する以上に、細部まで監督が行き届かない、当該他の業者から情報が漏えいするリスクが高まるという危険性があります。そのため、必要があって取引先に秘密情報を開示し、秘密保持契約を締結する場合、相手の会社に秘密情報を厳重に管理してもらうことが不可欠です。

　秘密保持契約のメリットは、開示した情報等を目的外に利用しないことを契約上の義務と明記でき、漏えい等の場合に契約違反を理由にスムーズに損害賠償請求等が可能であることなどです。

ここで問題になるのが、発注側と請負側の力関係です。本来は秘密保持契約を締結する段階で、情報管理体制について互いにチェックし合うのが理想的ですが、一方がお客様、もう一方が請負業者という立場関係の場合、請負業者の側からお客様に向かって情報管理体制をチェックさせてほしいとはなかなか言えません。

　とくにシステム開発の場合、システム開発業者は発注元の企業の人事や会員情報、業務の中枢に至るまで深く関わります。つまり、発注元の企業の方が、より重大な営業秘密を開示していることになるわけです。このような状況では、発注元からシステム開発業者の情報管理体制についてチェックを要求されることはあっても、システム開発業者側から発注元にそれを求めるのは非常に困難でしょう。しかし、だからといって情報管理体制の確認をおろそかにしては、開発したシステムの根幹部分を他社に情報開示されるなどして、大きな損害を受けることにもなりかねません。

　このような場合、システム開発業者の側から秘密情報の管理の必要性と自社の情報管理体制を詳しく説明し、同等の管理を行うように依頼するといった方法が考えられます。もっとも、力関係において優位な企業は、不当に長期間に渡り、秘密保持契約に相手方を拘束することは望ましくありません。

## ■ 秘密保持契約の必要性 ………………………………………

> 不正競争防止法だけでは企業の秘密を完全に守ることはできない

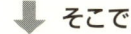 そこで

> 秘密保持契約を結ぶ

 とくに

> 対象となる秘密について、双方が理解することが大切

# 従業員等との間で秘密保持契約を締結する場合、従業員等はどのような義務を負うことになるのでしょうか。

会社の重要な秘密が漏えいするのを防ぐために結ぶ契約で、知り得た情報を外部に漏らすことが禁止されます。

私たちが何らかの事業活動に参加するときには、その事業の秘密の一端に触れる可能性があります。事業活動への参加の形としては、アルバイトや正社員、会社同士の取引に基づき他社の中で業務を行うなど、様々な形態があり、業務の重要性や量は異なります。しかし、学生であれ社会人であれ、一度でも仕事をしたことのあるほとんどの人が名称は違っても「秘密保持契約」を締結した経験があるはずです。

秘密保持契約とは業務で知り得た情報を外部に漏らさないことを約束する契約で、これに違反した者は損害賠償などの責任を負うことになります。具体的には、たとえば労働者が企業と雇用契約を締結するときに誓約書などの書類を提出する、ある企業がソフトウェア開発をする際に、発注側と受注するシステム開発業者の間で締結する、などの形で行われています。

## ●なぜ秘密保持契約が必要なのか

「営業秘密」を保護するものとして、不正競争防止法という法律があるにもかかわらず、あたり前のように秘密保持契約が締結されているのはなぜでしょうか。結論から言うと、会社が大事にしている「秘密」は不正競争防止法だけでは守りきれないからで

す。不正競争防止法が保護するのは要件を満たした「営業秘密」だけです。しかし、その条件はかなり厳しく、たとえ会社が本当に大事にしている秘密でも裁判上では要件を満たしていないと判断され、不正競争防止法による保護が受けられない可能性も否定できないというのが実情です。また、会社が保有する秘密は相当数に上ります。その情報をすべて法的保護を受けられるような厳重な管理下に置くには、費用も手間もかかります。

　このような状況にあって、秘密を保護する手段として有効なのが秘密保持契約です。秘密保持契約は、不正競争防止法の保護を補完する役割を果たすだけではなく「営業秘密」の要件である秘密管理性を高めるという面でも有効であるとされています。厳密には業務上の秘密には該当しない、たとえば電話帳等に記載されるような個人情報を含む情報であっても、漏えいした場合には、情報の本人に対して多大な損害を与えることもあり得ます。そのため、秘密保持契約の中では、個人情報を含む情報は広く「秘密」として漏えいが禁止されていることが一般的です。

### ■ 秘密保持契約 ……………………………………………………

　秘密保持契約の締結

事業者　　　　　　　　　　　　　　　　　　　　従業員等

∴ 従業員等は業務上知り得た「秘密」を外部に漏らしてはいけない

⇒違反者に対しては損害賠償責任等が発生する

☆不正競争防止法上の「営業秘密」と認められるには、厳格な要件がある

⇒秘密保持契約における「秘密」はより広く、あらゆる個人情報等を含む情報を『秘密情報』として契約の対象に含めることができる

 **中途採用者から、その人が以前働いていた会社等の情報を取得する際に、どのような点に気をつければよいのでしょうか。**

 情報の取得および内容が、不正競争防止法に違反していないことを確認しましょう。

　中途採用者に関しては、新卒の従業員等と秘密保持契約を結ぶ場合とは、異なる点に注意しなければなりません。中途採用者に関しては、自社の情報に関する漏えい等に注意するだけでは足りません。思わぬ部分で、情報の不正取得・不正利用が問題になるのです。というのも、以前に勤務していた情報を持っている場合があるからです。しかも、とくにライバル企業など、同種の事業を運営する会社からの中途採用となると、当該中途採用者が、ライバル企業の重要な秘密情報等を持っているおそれがあります。

　中途採用者から、このような情報を取得することができれば、会社の事業運営にとってはプラスに働くことも少なくないと思われます。しかし、中途採用者が、以前の勤務先に関する情報を開示する行為が、不正競争防止法が禁ずる営業秘密の不正開示にあたるおそれがあります。また、開示された情報を利用することが、営業秘密の不正使用にあたる場合もあるかもしれません。そこで、中途採用者に関しては、自社の営業秘密等に関する秘密保持契約を結ぶとともに、その契約の中に、以前の勤務先等に関する情報について、開示することおよび使用することによって、他社の営業秘密を侵害することがないように、周知・徹底する条項を入れておく必要があります。

# 秘密保持契約を締結する際に、どのような条項を設けておく必要があるのでしょうか。

秘密保持の対象とする情報や、情報への接触を禁止する者、または管理を義務付ける内容を明確にする必要があります。

秘密保持契約の内容については、契約書の内容が定型的で、「何の情報について秘密にするのか」「情報をどのように扱うことが契約違反になるのか」ということが不明瞭になりがちです。どんな情報を秘密として扱うかは、それぞれの事業所の事情によって異なります。そのため事業の性質に応じて、秘密保持契約を締結する際には、①どんな情報を秘密保持の対象とするのか、②誰がどのような扱いをすることを禁じるのか、③どのような管理をすることを求めるのか等を明確にしておくことが求められます。

●秘密情報の管理についても注意が必要

一般的な秘密保持契約書では、「相手方の許可なく第三者に秘密情報を開示してはならない」といった文言が使用されていますが、とくに企業間の秘密保持契約の場合、ただ単に相手方に秘密情報の漏えいを禁じただけでは実際の効力は薄いというのが実情です。これには企業と企業の間では秘密保持契約を締結していても、企業と相手方の従業員や出入りの業者などとの間では秘密保持契約が締結されていないという事情が影響しています。

とくに大きな企業などではありがちですが、企業と企業の間では秘密保持契約が交わされていたとしても、その事実を知ってい

るのが、会社の中で実際にその業務を担当するプロジェクトチームのメンバーだけということも多いわけです。このため担当メンバーがいくら秘密保持を厳守していても、通りかかった別の部署の従業員が、秘密情報とは知らずに社外へ持ち出してしまう、ということが起こる可能性があります。

秘密保持契約を効果的なものにするには、プロジェクトメンバー以外の従業員等が秘密情報にアクセスできないようにするなど、その情報の管理方法を明確にしておくことが必要です。

●受け取った秘密情報についてのリスク予防の規定を設ける

自社の従業員の営業秘密について検討してきましたが、B社で中途採用された従業員Xが前職であるA社で得た営業秘密を漏えいするといった可能性があることは否定できません。A社の意に反して一方的にA社の営業秘密がXによって開示された場合、受け取った側の企業（B社）には何らかの問題が生じるのでしょうか。

不正競争防止法では、前述のような営業秘密を受け取った側の企業に関しても、Xによる不正開示について悪意（知っていること）または重過失（重大な過失によって知らないこと）によって、Xから取得した営業秘密を使用し、または開示する（第三者に漏えいする）などの行為が違反行為である旨を規定しています（不正競争防止法2条1項8号、9号）。

### ■ 秘密保持条項の記載方法 ……………………………………………

> 第○条（秘密保持義務）　甲が、職務の遂行上知り得た乙の経営内容、内部事項、機密情報、その他業務に関する一切の情報は、これを漏えいしてはならない。
> 2　前項の秘密保持義務は、甲の転職又は退社後も、同様とする。
> 3　甲が、前2項の規定に違反した場合、甲は、それにより乙が被った損害を賠償しなければならない。

**営業秘密を管理する上で、情報を分類し、本当に保護すべき情報を明らかにするにはどのような方法が効果的なのでしょうか。**

管理する対象を明確にすることで、管理の効力は増大します。

　この点について、会社が守りたい秘密には重要度や保管の点で違いがあります。これらの秘密を守るためには、すべての秘密を同じ方法で厳重に管理したり、秘密保持契約で「一切の秘密を漏えいしない」と規定しただけでは十分とはいえません。

　秘密を管理するためにはそれなりの費用や手間がかかります。また、その秘密を使用する際にも問題が生じます。たとえば重要度の低い秘密を高い秘密と一緒に管理しておくと、すぐに使用したいと思ってもアクセスするまでに相応の時間がかかってしまうということも出てきます。また、どんな情報もすべて「秘密」という扱いにしてしまうと、本当に守らなければならない情報がきちんと伝わりにくく、意図せずに漏えいしてしまうというようなことが起こる可能性が高くなります。つまり、どの秘密をどのように管理するのかという基準が曖昧であると、管理体制が形式的になり、漏えいの危険性が高くなるのです。

　なお、経済産業省は、営業秘密の管理などについての指針として「営業秘密管理指針（平成27年1月全部改訂版）」を作成しています。指針では、不正競争防止法の内容をふまえ、「秘密管理性要件の趣旨は、企業が秘密として管理しようとする対象（情報の範囲）が従業員等に対して明確化されることによって、従業員

等の予見可能性、ひいては経済活動の安定性を確保することにある」としています。営業秘密管理指針では、とくに営業秘密にあたるか否かを判断する上で重要な要件である、秘密管理性の要件を詳しく分析することで、本当に保護するべき秘密情報を抽出することができるという立場を採っています。あらゆる情報を秘密として扱いたい企業においても、その中でもとくに重要と考える情報については、より高度なセキュリティを施しているはずだからです。そこで、まず必要となるのが、情報を分類し、本当に保護すべき情報を明らかにするという作業です。営業秘密管理指針では、「秘密管理措置は、対象情報（営業秘密）の一般情報（営業秘密ではない情報）からの合理的区分と当該対象情報について営業秘密であることを明らかにする措置とで構成される」としています。合理的区分は、情報の性質、選択された媒体、機密性の高低、情報量等に応じて、営業秘密と一般情報を合理的に区分することです。

　また、その情報がどのレベルで守られるべきであるかは、漏えいした場合の損害がどの程度かという内容面と、管理にかかる費用面などを考慮して決定していくことになります。

### ■ 秘密レベルの分類の例 ……………………………………

① 不正競争防止法による保護を受ける必要のある最重要の情報

　　➡ 「極秘」「厳秘」「トップシークレット」などの名称で分類

② 法的保護の受けられる「営業秘密」としての要件を満たさないが、秘密保持契約など特別の契約によって保護すべき重要情報

　　➡ 「社内秘」「部外秘」「マル秘」などの名称で分類

③ 就業規則や社内規定などによって保護する情報

　　➡ 「関係者外秘」といった名称で分類

# 秘密を保持するために、情報に触れる可能性のある対象者を限定するには、具体的にどのような方法があるのでしょうか。

就業規則などの社内規程の他、秘密保持契約を結ぶことで一定の社外の者にも秘密を保持させることが可能です。

　秘密保持を守ってもらう必要があるのは、その情報に触れる可能性がある人です。正規の権限を持っているアクセス権者だけではありません。社内で業務上情報に触れることのある正社員、アルバイト、パート社員などをはじめ、コピーなどの事務作業を補助する派遣社員や、ともに事業に携わる取引先の人なども含まれます。さらに近年問題になっているのが、退職者や転職者です。

　まず、社内の人間であれば、就業規則などの社内規程によってある程度秘密保持を求めることができます。しかし、派遣社員や取引先の人、退職者などについては、社内の人間ではありませんので、就業規則などの社内規程によって管理することができません。そこで、とくに重要な秘密については、どの秘密情報に関する秘密保持契約を誰と締結するか、ということを決定することが必要になります。また、秘密を共有する際には、社員に対しては教育や研修を実施して秘密管理の重要性を周知し、取引先等に対しては自社での管理方法を伝え、同等の管理をするよう求めるなどの措置が求められます。

 **不正競争防止法で保護される営業秘密とは、具体的にはどのようなものを指すのでしょうか。**

 秘密として管理され、有用性・非公知性が認められた情報を指します。

会社の秘密の漏えいに対しては不正競争防止法が規定を置いています。会社の秘密を不正な手段で取得したり、何らかの正当な方法で取得した秘密を勝手に開示・使用するような行為は不正競争防止法に抵触する可能性があるわけですが、自分達が「会社の秘密」だと認識している情報でも、法的には保護の対象とならない場合があります。法の保護を受けるためには、その秘密が法に定める要件を満たした営業秘密であると認められなければなりません。つまり、不正競争防止法は不正な情報漏えい等を防止する上で、企業側に対して一定の努力を要求しているのです。

では、「営業秘密」とはどのような情報なのでしょうか。不正競争防止法において、営業秘密とは「秘密として管理されている生産方法、販売方法その他の事業活動に有用な技術又は営業上の情報であって、公然と知られていないもの」（2条6項）と規定されています。つまり、来客からも見えるような机の上にポンと置かれている書類だったり、社員全員が共有しているデータベースの情報のように、「秘密として管理」されていないものは営業秘密とみなされませんし、たとえ秘密として管理されていても、社員の勤務評定などの情報は「事業活動に有用な技術又は営業の情報」ではありませんから、やはり営業秘密にはあたらないとい

うわけです。

　このように、不正競争防止法で保護される営業秘密として扱われるためには、①秘密管理性、②有用性、③非公知性という3つの要件を満たしていることが必要とされています。このうち、秘密管理性に関しては前述の通りです。有用性とは、その事業に経済的利益をもたらすような情報であることをいいます。しかも利益をもたらすか否かについては、事業者の主観で判断するのではなく、あくまでも客観的に、当該情報が事業者に利益をもたらし得る内容かどうかにより判断されることになります。そして、すでに一般的に知られている情報は保護する必要がありませんので、非公知性という要件が置かれています。

　この要件が一つでも足りず、不正競争防止法で保護される営業秘密として扱われないことになると、もし誰かがその情報を第三者に漏えいし、何らかの損害を受けたとしても、不正競争防止法が規定している損害賠償請求や刑事罰などによる保護が受けられませんので注意が必要です。

## ■ 営業秘密と認められるための要件 ……………………………

営業秘密

**① 秘密管理性**
・その情報にアクセスできる者が制限されていること
・その情報にアクセスした者にそれが秘密であることが
　認識できること

**② 有用性**
・事業活動において重要な影響のある情報であるかどうか

**③ 非公知性**
・公に知られていない情報といえるかどうか

# Q8 Question

ある情報が「営業秘密」として認められるためにはどの程度、秘密として管理されている必要があるのでしょうか。

**Answer** 情報にアクセスできるものが制限されており、アクセスした者が秘密であることを認識できる必要があります。

不正競争防止法の保護を受ける際には、一般に考えている管理よりもさらに厳しい管理が必要です。管理の程度の目安になっている東京地裁平成12年9月28日判決によると、その情報が営業秘密としての「秘密管理性」を有すると認められるには、①当該情報にアクセスできる者が制限されている、②当該情報にアクセスした者にそれが秘密であることが認識でき、誰が見ても秘密だということがわかるような管理が行われている、という2つの要件を満たしていることが必要とされています。つまり、営業秘密は他の情報とは明らかに区分されており、秘密として管理されていることが明示されていなければなりません。

　①の要件を満たす管理としては、「その情報が保管されている場所に鍵やパスワードを設定し、鍵やパスワードに触れられる人を限定する」「鍵の持ち出し・返却の際には記録簿への記入と承認印を求める」「パスワードを定期的に変更する」などが必要です。②の要件を満たす管理としては、「情報が記載された書類に『部外秘』『社外秘』などと記載する」「データを暗号化する」「その情報が『部外秘』『社外秘』であることを繰り返し社員に伝える」「秘密保持契約を締結する」などが必要です。

# ある情報について秘密管理性を満たしていると認められる場合とはどのような場合をいうのでしょうか。

情報が記載された書類等に対して権限を持つ者のみが入れる保管庫に置いている場合等が挙げられます。

秘密管理性の要件（前ページ）が満たされているかどうかの判断は、最終的には裁判所の判断によります。その基準はかなり厳しく、自社では十分に秘密管理性の要件を満たしていると思っていても、裁判では認められないということもあります。

とくに、秘密管理性の要件を満たすか否かをめぐっては、社内等において「秘密である」と認識できるような程度の措置が採られていれば足りるのか、または、それ以上に客観的に見ても「秘密」として管理されていることが明らかであるような、保管方法が採られていることが必要であるのかという点が問題になります。

この点について、仮に「秘密」として管理されていることが客観的にわかるような方法まで要求すると考えてみましょう。確かに、客観的に見て明らかに「秘密」として管理されていることがわかるほど、ある情報について一般的なアクセスが制限されているのであれば、秘密管理性の要件を満たしているのか否かを判断することは比較的容易になります。しかし、およそすべての企業に対して、情報について客観的にアクセス制限を施すことを要求することは困難です。なぜなら、まず客観的に「秘密として管理されている」と言われる状態がどのような程度を指すのか明らか

ではないということもあります。しかしそれ以上に、企業の規模は大小様々であるにもかかわらず、すべての企業に、一律にある情報について客観的なアクセス制限を施すことを要求するならば、とくに事業規模の小さな企業に対して、あまりにも負担が大きく、必要な情報が秘密管理性の要件を満たさず、不正競争防止法によって保護されないという事態に陥りかねません。そこで、一般的に秘密管理性の要件は、「秘密である」と認識できるような程度の措置が採られていれば、その要件を満たすと考えられています。

　もっとも、当該情報を漏えいさせた者等を含めて、あらゆる人から見て、秘密であると認識できる程度まで要求してしまうと、客観的な管理措置を要求することと同じになってしまうため、当該情報に対して、合法的にアクセスすることができる人の観点から見て、秘密であることが認識できるような措置が採られていれば、秘密管理性の要件を満たすと考えられています。以上の考え方については「営業秘密管理指針」にも記載されています。

　たとえば「社外秘」と記載された書類があるとします。その書類が社員しか入れない保管庫に置かれているという場合、秘密管理性の要件である「アクセスが制限されていること」や「客観的に見て秘密であると認識できること」を満たしていると思われます。しかし、その書類を社員に周知するために、保管庫から出して社内回覧したとしましょう。このときに、一部の社員が机の上に放置するなど、書類を第三者の目につくような状態に置いていた場合、「社外秘」の印を押しただけでは十分な管理をしていたとはいえません。つまり、同じように管理をしているつもりでも、その管理が形式的なものであったり、不備が見られたりする場合には、秘密管理性の要件を満たしていないと判断されることもあるというわけです。

**Question 10** 不正競争防止法上の営業秘密と認められるための「有用性」とは、客観的にどのような情報のことを指すのでしょうか。

**Answer** 第三者から見て事業活動に重要な影響を与えるような情報を指します。

営業秘密の要件のひとつとして挙げられているのが有用性です。不正競争防止法の保護を受けるためにはその秘密が第三者から見て「事業活動において重要な影響のある情報であるか」、つまり有用であるかが問題になります。会社はあらゆる情報に対して、営業秘密としての保護を望むでしょうが、本当に保護の必要な情報に法的規制を限定する趣旨です。つまり、自社から見れば有用なものでも、第三者から見て有用とはいえない場合には、不正競争防止法上の営業秘密としての法的保護は受けられないということです。どのような情報が客観的に見て有用かという点については、明確な基準があるわけではありませんが、その対象となる情報の範囲は比較的広いといえるでしょう。たとえば次のような情報には、ダイレクトに事業にプラスをもたらさなくても、間接的な効果が期待できるため有用性が認められます。

・現に事業活動に直接使用されている自社に有利な情報
・それを使用することによってコスト削減や経営効率が改善するなどの間接的な効果が得られる情報
・その情報を使うと損をするというような失敗の情報
・現在は役に立たなくても将来役に立つ可能性のある情報

## ●有用性が認められる場合と認められない場合がある

　情報の中には「利益を得る」という面においては効果があると考えられるものの、法的保護の対象とはならないという情報もあります。それは、公序良俗や社会正義に反するような内容の情報です。たとえば覚せい剤や偽ブランド品など、違法な品物の仕入れ・販売ルートの情報や、わいせつなビデオ・DVDなどを売買する際の顧客情報、振り込め詐欺のやり方を記載したマニュアル、脱税のノウハウなどのようなものがこれにあたります。これらの情報を使用すれば、多額の利益を得られる可能性があります
し、「見つかれば逮捕される」「他人においしい情報を渡したくない」などという理由から厳重な管理下に置かれているはずですから、営業秘密の要件を満たしているように見えるかもしれません。

　しかし、ここでいう事業活動はあくまで正当な利益を目的として行われているものです。公序良俗に反する情報が漏えいされたために、その情報の所持者が損害を被ることになったとしても、そもそもその利益自体が不正に得られるものなのですから、その情報は法的に保護すべき対象とはいえません。したがって、その情報の有用性も否定されているわけです。

### ■ 秘密情報における「有用性」……………………………………………

**不正競争防止法上の秘密情報　⇒「有用性」が認められることが必要**

**【有用性の基準】**
　　第三者から見て「事業活動に重要な影響のある情報」といえるか

- 現に事業活動に直接使用されている自社に有利な情報
- それを使用することによってコスト削減や経営効率が改善するなどの間接的な効果が得られる情報
- その情報を使うと損をする、役に立たないというような失敗の情報
- 現在は役に立たなくても将来役に立つ可能性のある情報

# ある情報について非公知性があると認められる場合とは具体的にどのような場合をいうのでしょうか。

 秘密情報であることを社員等が認識し、漏えい防止のための管理が行われていれば非公知性が認められます。

　非公知性とは、聞きなれない言葉ですが、「公に知られていない」ということです。一般的な「公」の範囲は「私」以外、つまり一人でも他人が知れば公とする場合から、全国民が知っているような場合まで様々です。しかし、ここでの「公」とは、新聞・雑誌・専門情報誌などの刊行物や、インターネットのホームページ、一定の条件を満たせば利用できるデータベースなど、合理的な努力の範囲で入手可能なものを指します。

　そこで、不特定多数の人が、正当な所持者の管理する以外のところから、合理的な努力の範囲で情報を得ることができる状況にあった場合には、「公に知られている」、つまり非公知性が認められないと考えられています。ある情報について事業者が、営業秘密として保護を望む場合であっても、それがすでに公に知られているような情報については、秘密として保護する意義が小さいということです。

　非公知性は、その情報が秘密としてきちんと管理されていれば、保持されるはずのものです。たとえば社内の人100人にその情報を伝えたとしても、その情報が秘密情報であることを伝え、漏えいしないよう誓約書を交わすなど、きちんとした秘密管理性が確

保されていれば、公に漏れることはなく、非公知性は確保されます。ところが100人のうちの1人が秘密情報であるという認識を持っておらず、気軽な気持ちで自身のホームページ上でその情報を公開したとします。この場合、ホームページにアクセスすれば誰でも見られる状態ですから、その情報の非公知性は失われてしまいます（個人情報漏えいなどの法的問題は別途生じます）。つまり、社員が、その情報について守秘義務を負っていたか否かではなく、実際に不特定多数の者が知り得る状態であるか否かが、非公知性の有無の重要な判断基準になります。

　このように、営業秘密と認められる要件は3つ挙げられているわけですが、非公知性については秘密管理性が確保されていれば同時に確保できる可能性が高い内容のものだといえます。会社の秘密情報が不正競争防止法の保護を受けるためには「その情報をどのように管理するか」ということが非常に重要です。

### ■ 秘密情報における「非公知性」………………………………

**不正競争防止法上の秘密情報 ⇒「非公知性」が認められることが重要**

**【非公知性の判断基準】**
　社員などが情報について守秘義務を負っていたか否かが重要なのではなく、実際に不特定多数の者がその情報を知り得る状態にあったか否か

☆秘密管理性が確保されていれば非公知性は同時に確保できる可能性が高い
☆「非公知性」の要件の趣旨 ⇒ すでに公に知られているような情報については、秘密として保護する意義が小さい

**社内の100人が営業秘密を知っている場合**

秘密情報であることが伝えられ、漏えいしないように誓約書などが交わされている

⇒ 非公知性が確保されている

仮に1人でも秘密情報であるという認識を持たずにHP上にその情報を公開した

⇒ 非公知性が失われている

 営業秘密を侵害する「不正競争」が行われた場合、不正競争行為の差止めや損害賠償を行うことができるのでしょうか。

差止請求・損害賠償請求・信用回復措置請求を行うことができます。

　不正競争防止法は、営業秘密を侵害する「不正競争」がなされた場合、営業秘密の保有者に対し、民事訴訟手続を経て「差止請求」「損害賠償請求」「信用回復請求」を行うことを認めています。

## ① 差止請求

　不正競争によって営業上の利益を侵害され、又は侵害されるおそれのある者（営業秘密の保有者）は、その営業上の利益を侵害する者又は侵害するおそれがある者に対し、その侵害の停止又は予防を請求することができます。

　たとえば顧客リストを不正に持ち出して同業他社に就職しようとした者に対し、顧客リストの返還を求めたり、同業他社に顧客リストの不正取得を連絡し、使用しないように求めるといった行為がこれにあたります。差止請求に際しては、侵害の行為を組成した物の廃棄、侵害の行為に供した設備の除却などを請求することも認められています（不正競争防止法3条）。

　これらの請求は、不正競争によって生じる損害が、実際に生じてしまった後では取り返しのつかない性質のものであることから、損害が拡大する前に侵害行為自体を阻止することを目的として行われるものです。そのため、差止請求を行うにあたっては、不正競争を行った者の故意や過失があることは要件ではありませんの

で、侵害者が意図せずに、不正競争行為に及んでいる場合であっても、差止請求を行うことができます。なお、この差止請求権は、侵害行為が継続する場合において、侵害行為及び侵害者を知ったときから３年間請求を行わないときには時効によって消滅します。また、侵害行為の開始の時から20年を経過したときも消滅しますので注意が必要です（不正競争防止法15条）。

## ②　損害賠償請求

　故意又は過失により不正競争が行われ、その結果営業上の利益が侵害された場合、営業秘密の保有者はその原因を作った者に対し、損害賠償請求ができます（不正競争防止法４条）。

　損害賠償請求を行う際に、問題となるのが「損害額はどの程度なのか」ということです。実際に、不正競争行為があったことによって、損害額が正確にどの程度になるのかを把握することは困難です。たとえば、不正競争行為が厳密に営業上の利益の減少に直結していることを厳密に証明することはできません。損害額の計算には、公式のようなものはありません。個々のケースによって情報の内容は全く違いますし、どの範囲まで不正競争による損害と認定されるかという明確な線引きもないのです。

　もっとも、損害額の立証については、原則として請求をする側（被害を受けた営業秘密の保有者）がしなければなりませんが、これでは被害者の救済という面で効力が薄れるという観点から、不正競争防止法では、次のような方法で損害額を推定することを認めています。つまり、侵害者の行為と営業上の利益の減少等に対して、厳密な意味での因果関係を問うことなく、基本的に侵害行為がそのまま損害の発生に直結するという建前をとっているということです。

・技術上の営業秘密が侵害された場合には、「（侵害者が販売等の方法で譲渡した物の数量）×（被害者がその侵害行為がなけれ

ば販売することができた物の単位数量あたりの利益)」の額を
損害額と推定する（不正競争防止法5条1項）

・営業秘密に係る不正競争の場合、侵害した者が営業秘密侵害行
為を通じて得た利益の額を立証すれば、その利益の額が被害者
の損害額と推定する（不正競争防止法5条2項）。

なお、この場合の損害賠償請求権は、差止請求権の消滅後に生
じた損害については同様に消滅します。

### ③ 信用回復措置請求

故意又は過失により不正競争が行われ、その結果営業上の信用
を害された者は、その原因を作った者に対し、裁判所を通じて損
害賠償請求とともに営業上の信用を回復するのに必要な措置をと
るよう求めることができます（不正競争防止法14条）。

「営業上の信用を回復するのに必要な措置」の例としては、新
聞への謝罪広告の掲載や関係者への謝罪文の送付が挙げられます。

### ■ 不正競争防止法の差止め・信用回復・損害賠償請求の対象となる者…

① 保有者から搾取等の不正の手段によって営業秘密を取得した者

② ①の不正行為があったことを知りながら、又は重大な過失によって
知らずに営業秘密を取得・使用・開示した者

③ ①の不正行為に関しては善意・無過失のまま営業秘密を取得したも
のの、後に不正行為の事実を知り又は重大な過失によって知らずに
営業秘密を使用又は開示した者

④ 保有者から正当な権利を持って営業秘密を取得した後、不正の目的
でその営業秘密を使用又は開示した者

⑤ ④の不正行為があったことを知りながら、又は重大な過失によって
知らずに営業秘密を取得・使用・開示した者

⑥ ④の不正行為に関しては善意・無過失のまま営業秘密を取得したも
のの、後に不正行為の事実を知り又は重大な過失によって知らずに
営業秘密を使用又は開示した者

営業秘密を漏えいした場合に刑事責任が問われることもあるのでしょうか。退職者も対象に含まれるのでしょうか。

営業秘密侵害罪という刑事罰に問われます。また退職者が処罰の対象に含まれる場合もあります。被害者からの告訴は不要です。

営業秘密を侵害した人や法人は、営業秘密を不正な手段で取得し、自ら使用したり、第三者に開示すると処罰を受けます。これを営業秘密侵害罪といいます。平成27年の不正競争防止法改正において取締りが強化され、①営業秘密の転得者処罰範囲の拡大、②未遂行為の処罰、③罰金刑の上限が引き上げられています。

①については、ある者（1次取得者）が取得した営業秘密が転々と流通した場合、不正開示者（1次取得者）と開示を受けた者（2次取得者）のみならず、2次取得者から開示を受けた者（3次取得者）以降の者の不正使用行為や不正開示行為も処罰の対象になります。

②については、改正前は処罰対象となるのが既遂に達した場合（侵害行為が完了した場合）に限定されていましたが、改正後は侵害行為が未遂に終わった場合であっても処罰対象になります。

③については、改正後の営業秘密侵害罪の刑罰は、行為者が10年以下の懲役又は2000万円以下の罰金、その法人は5億円以下の罰金（両罰規定）となり、法定刑が引き上げられています。

その他、平成27年の法改正では、民事・刑事の両方で変更された点もあります。たとえば、生産方法等の営業秘密が不正に使用

されることによって生じた製品（営業秘密侵害品）を譲渡・輸出入することについて、民事措置（差止請求・損害賠償請求）の対象となり、また刑罰の対象にもなりました。

## ●退職者への処罰と国外犯への処罰

不正競争防止法は、退職者の処罰についても規定を置いています。具体的には、営業秘密を示された退職者が「在職中に」本来の目的に反して営業秘密の開示を申し込んだり、営業秘密の使用や開示について依頼を受けて、それを退職後に使用又は開示した場合に、処罰対象となります。また、日本国内において事業を行う保有者の営業秘密（日本国外のサーバー等で管理されている営業秘密も含みます）が日本国外で不正使用行為・不正開示行為が行われた場合は、日本国内で不正使用行為・不正開示行為が行われた場合と同様に処罰の対象とされます。なお、平成27年改正により営業秘密侵害罪について、侵害者に処罰を与えるためには、被害者からの告訴は不要となりました（非親告罪化）。

### ■ 営業秘密侵害罪における厳罰化 ·······················

営業秘密を不正な手段で取得し、自ら使用または第三者に開示した者

↓

営業秘密侵害罪により刑事罰の対象になる

**厳罰化の傾向**

**①営業秘密の転得者処罰範囲の拡大**
⇒2次取得者から開示を受けた者（3次取得者）以降の者の不正使用・不正開示行為も処罰の対象になる

**②未遂行為の処罰**
⇒侵害行為が未遂に終わった場合も処罰対象になる

**③罰金刑の上限の引上げ**
⇒行為者が10年以下の懲役又は2000万円以下の罰金、その法人は5億円以下の罰金（両罰規定）に引き上げられる

※退職者も在職中の行為について処罰の対象に含まれる場合がある

## 競業避止契約とはどのような契約で、どの程度の競業避止義務を課すことまで許されるのでしょうか。

社員に対してライバル会社への転職を制限する契約を指しますが、過度な競業避止を義務付けることはできません。

　その企業にとって重大な秘密情報を開示された従業者が退職する際に、秘密保持義務に加えて競業避止義務を課す契約を締結することがあります。とくに、情報システム部門（経営者や現場が欲する情報を必要な時に正確かつ安全に出してあげる部門）をもつ企業としては、自社の情報に精通した社員がライバル会社に転職することは極力避けたいはずです。その場合に、企業が個々の社員との間で締結する、ライバル会社への転職を制限する内容を盛り込んだ契約を競業避止契約といいます。競業避止契約の内容を厳しくすると転職への抑止力が働く一方、社員にとっては重い足かせになることがあります。憲法が財産権の保障を規定していることを考慮すれば、企業が自社の営業秘密という知的財産権を守りたいという欲求をもつことは当然のことです。他方、社員が、培ったスキルを発揮できる環境を他社に求めて転職することも、職業選択・営業の自由として憲法で保障されるといえます。

　社員が就業期間中に得た知識やスキルと、企業の営業秘密との区別は困難な場合が多く、どの程度の競業避止契約であれば許されるのかは難しい問題です。社員の仕事内容などを総合的に考慮してケースごとに判断することになりますが、役職者ではない通

常の従業員に対して過度の競業避止義務を課すのは困難です。

## ●競業避止契約を結ぶ上でのポイントは

具体的には、「契約に違反した場合には、退職金を全額返還しなければならない」「退職後5年以内に、競業他社に転職してはならない」などというように、「厳しい条件を定めた契約は有効か否か」といった形で問題になります。裁判で示された基準では、①制限の期間、②場所的制限、③制限対象業種の範囲、④代償の有無、の4つの基準をクリアする必要があるとされています。

まず、①制限の期間について、多くの判例は「2年以内なら有効。3～5年なら無効」としているようです。次に、②場所的に合理的な範囲内でのみ競業を制限するものでなければなりません。たとえば、東京の会社で専ら経理を担当していた社員が、退職後、札幌にある同業種の会社に転職するのを制限するのは不当です。また、③転職先が従前の会社と異業種である場合には、転職を制限できません。

ただ、以上の基準に照らし、社員の職業選択・営業の自由を不当に制限する契約であっても、④社員に対して相当の代償が支払われる場合は、その制限が許されることがあります。代償の具体例としては、競業避止契約を結ぶ代わりに、退職金を上乗せしたり、在職中に秘密保持手当を出しているような場合が挙げられます。

競業避止契約を結ぶ際には、前述の基準を参考にしながら、社員が扱っていた営業秘密（知的財産権）の保護と、当該社員の職業選択・営業の自由の保障とを比較考量（対立する2つの権利の保障をバランスよく調整すること）することになります。

なお、具体的な競業避止契約の締結方法としては、就業規則に競業避止規定を置く方法や、入社や退社のタイミングで該当する社員に誓約書を書かせる方法を採ることが一般的です。

 **Question 15**

取締役との間で秘密保持契約を締結しようとする場合、一般の社員とどのような違いがあるのでしょうか。

 **Answer** とくに取締役が退任した後に、競業避止特約等を結び、秘密の漏えい等を防ぎましょう。

　会社が取締役との間で秘密保持に関する契約等を結ぶ場合には、一般の社員との違いに注意しなければなりません。

　まず、取締役が在任中にあっては、一般社員とは異なり、格別秘密保持契約等を結ぶ必要性は小さいといえます。というのも、取締役は会社法に規定されているように、会社の職務に忠実に従事する義務を負うとともに、職務に専念するために、競業避止義務が課せられているからです。つまり、会社の利益に反する行為を行うことが禁じられていますので、会社の秘密を漏えいさせる等の行為を行うことは、会社法上の競業避止義務などから当然に導かれることになります。

　一方で、取締役が退任した後には、秘密保持の取り決めを明確化しておくことが重要です。取締役が退任する場合においても、秘密保持に関して、基本的に競業避止義務を契約等により負わせることで担保する必要がありますが、この際には取締役の職業選択の自由を侵害しないよう配慮する必要があります。とくに期間が無制限であったり、およそ同業他社に再就職する機会を奪うような競業避止義務を負わせる特約は無効になります。また、契約条項等において、十分な退職金等の補償（代償措置）が行われることも重要です。

# 第7章

## 情報セキュリティ対策と書式作成

# 窓口対応のポイント

## 開示等の請求

　個人情報取扱事業者が持つ保有個人データについては、当該事業者の氏名や利用目的などの事項を本人の知り得る状態に置くこと、本人からの開示・訂正等・利用停止等の各請求（開示等の請求）に応じる義務が定められています（115ページ）。

　ここでは、保有個人データに対する各種の手続きについて、実務上どのような対応をすべきかについて解説していきます。

　まず、保有個人データに関して、「個人情報取扱事業者の氏名又は名称」「保有個人データの利用目的」などの事項を本人の知り得る状態に置くこと（法27条1項）とは、本人が知ろうとすれば、これらの事項を知ることができる状態に置くことを指します。

　一般に個人情報取扱事業者は、パンフレットの配布やホームページへの掲載などの方法で、「個人情報の取扱いについて」といった個人情報全般に関する規程を公表しています。ここには事業者名をはじめ、相談担当窓口、開示・訂正等・利用停止等に関する各請求の方法なども定めています。保有個人データに関する事項についても、同じ規程内にまとめて公表することで、通常は「本人の知り得る状態」に置いたことになるということができます。

　加えて、この公表によって保有個人データの利用目的も明らかにしておけば、本人から保有個人データの利用目的の通知を求められても、改めて利用目的を通知する必要はありません（法27条2項）。

　これらを実行することで、本人からは、以上の公表された手順に従って、相談担当窓口に対する開示・訂正等・利用停止等の各請求などがなされるよう整理することができます。

## 窓口体制の整備と担当者の対応方法

　個人情報保護法は、個人情報の取扱いに関する苦情に適切かつ迅速に対応するため、必要な体制を整える努力義務を個人情報取扱事業者に課しています（法35条）。保有個人データの開示等の請求が本人からなされた場合には、苦情もあわせて出されるケースが多いので、窓口体制を整備する際にはそのあたりも考慮しておく必要があります。

　まず、商品や取引への苦情と、個人情報の取扱いに関する苦情は、その法的根拠などが違いますので、苦情への事後対応の方法も違ってきます。できれば、通常の問い合わせ窓口と、専門の個人情報相談担当窓口は区別しておくことが望ましいでしょう。

　窓口での応対では、「請求しているのが本人（または正当な代理人）であるかどうか」「要求の内容、理由は何か」などを正確につかみ、請求の正当性を確認することが重要になります。

　窓口担当者に対しては、①個人情報保護法などの法律、②個人情報保護法施行令などの政令、③個人情報保護法施行規則などの規則、④個人情報保護に関するガイドライン（通則ガイドラインなど）、⑤個人情報保護方針などの理解を深めることが求められます。さらに、適切な受け答えをするための研修を定期的に行う、必要に応じて責任者に対応を任せる、といった手順を徹底するなどの教育・訓練も求められます。

　請求の正当性を確認後、請求を正式に受理するために必要な書類などを渡さなければなりません。手渡し、郵送などの他、便利なのがインターネットからのダウンロードです。ホームページ上に記載例などを掲載しておくと、より効果的でしょう。

## 手数料

　個人情報保護法は、利用目的の通知をする場合、または保有個

人データの開示に応じる場合に、請求者から手数料を徴収することを認めています（法33条）。金額については「実費を考慮して合理的であると認められる範囲内で」決めるように規定されており、通常は通知・開示にかかる実費（郵送料、FAX料など）、書類作成にかかる人件費などを考慮して設定することが多いようです。

　手数料の徴収は、本人以外からの請求を阻止する効果や、何らかの報復や嫌がらせのために請求を行うことを阻止する効果も期待できます。徴収の際には、一般的に窓口での現金払いの他、回答を郵送する際に振込用紙を同封する、郵便小為替を利用する、といった方法がとられています。

## 本人確認の方法

　窓口対応の中でも難しいのが本人確認の手順です。とくに保有個人データの開示は、他人に開示してしまうと直接本人に対して不利益を生じさせることになりかねないため、「なりすまし」などにだまされない手順を構築しておく必要があります。たとえば、来所した人に対して本人確認する場合は、運転免許証、パスポート、個人番号カード、外国人登録証明書など写真入りの身分証明書の提示を求めるのが確実です。その他、健康保険の被保険者証、年金手帳などの公的書類による本人確認も行われています。

　電話の場合は、いったん切ってかけ直す（コールバック）、保有個人データに記載された情報（生年月日など）の1項目を尋ねて回答してもらうなどの方法が考えられます。

## 代理人の範囲

　未成年者や認知症を発症した高齢者などの場合、個人情報の取扱いについて何らかの不利益を被っていても、自分で開示等の請求、利用目的の通知請求、苦情の申し出をすることは困難です。

また、仕事の都合や心身の状態によっては、手続きが行えない人もいます。このため、代理人によって開示等の請求や利用目的の通知請求を行うことが認められています（法32条3項）。ただし、代理人となることができるのは、①未成年者または成年被後見人の法定代理人、②開示等の請求をすることにつき本人が委任した代理人に限定されます（施行令11条）。

代理人が請求する場合は、保有個人データの本人に関する確認と、これと同等の代理人確認が必要になります。②の代理人には弁護士など法曹関係者がなることも多いので、弁護士会の登録番号などを確認しておくとよいでしょう。さらに、本人の開示等の請求に関する代理人であるという関係性を証明するもの（委任状など）を確認します。

## 請求への回答方法

これらの方法によって本人（または代理人）かどうかを確認した上で、回答を行うわけですが、保有個人データの利用目的の通知や開示を請求されている場合は、書面などで回答する必要があります。できればその場で手渡しするのではなく、書留郵便などを使って送付するようにし、安全性を高めましょう。

訂正等の請求を受けた場合は、その請求内容についての事実関

■ **本人確認の方法の例** ·······················································

| ①電話の場合 | コールバックした後、氏名・生年月日・住所・その他の登録情報などを確認する |
| --- | --- |
| ②来所の場合 | 運転免許証、パスポート、健康保険の被保険者証、外国人登録証明書、個人番号カードなどで確認する |
| ③代理人の場合 | 委任状と印鑑証明書と代理人自身の確認書類などで確認する |

係を調査し、その結果によって訂正等を行うことになります。訂正等を行った際には、本人に対してその内容を遅滞なく通知をしなければなりません。通知の方法については法律上とくに規定はありませんが、開示の場合と同様、書面などで通知することが望ましいでしょう。

　利用停止等の請求については、開示・訂正等よりも応じるための条件が絞られており、一定の違反行為があった場合に限り、利用停止等に応じればよいことになっています（121ページ）。利用停止等を行った場合には、開示・訂正等と同様、遅滞なく通知を行わなければなりません。

## 開示をしなくてもよい場合

　本人からの保有個人データの開示請求には、原則として応じなければなりませんが、次の事項に該当する場合は、保有個人データの全部または一部を開示しなくてもよいとされています。

---

① 　本人または第三者の生命、身体、財産その他の権利利益を害するおそれがある場合
② 　個人情報取扱事業者の業務の適正な実施に著しい支障をきたすおそれがある場合
③ 　他の法令に違反することになる場合
④ 　他の法令により開示されることとなる場合

---

## 訂正等・利用停止等の請求に対する対応

　訂正等の請求の場合、訂正等の対象になるのは氏名の1字違いや住所変更など事実の部分です。人事評価などの部分に関しては対象外になるため、請求があっても訂正等を行う必要はありません。

利用停止等の請求の場合、たとえば、第三者提供を目的として個人情報を取得した名簿業者などから、適法な手続きを経て個人情報を取得し、ダイレクトメールを送付したとします。この場合、不正手段による個人情報の取得（法17条1項違反）ではありませんので、取得したのが要配慮個人情報である場合を除き（本人の同意がない要配慮個人情報の取得は原則違法です）、法的には送付先の個人から利用停止等を請求されても応じる義務はありません。

　ただ、利用停止等を請求している個人に今後もダイレクトメールを送り続けたとしても、取引が発生する可能性は低く、社会的評判などを考慮すると請求に応じておいた方が得策とも考えられます。

　なお、利用停止等が困難な事情（多くのコストが必要になる場合など）がある場合や、利用停止等を希望している本人を保護す

## ■ 本人が行える請求 ·····················································

> **開示請求（法28条）**
> 事実に反する場合に、本人に書面または本人が同意する方法により開示する。

> **訂正等の請求（法29条）**
> 事実に反する場合に、利用目的の達成に必要な範囲内で訂正等を行う。

> **利用停止等の請求（法30条）**
> 一定の違反行為がある場合に、それを是正するために必要な限度で利用停止等を行う。

**裁判上の権利**

**さらに、改正後は**
より確実な問題解決を図るために、本人が個別に裁判上の権利として訴えることができることが明確にされた。

るための代替措置をとった場合は、例外的に利用停止等の請求を拒むことができます。

このように、開示等の請求に関しては、すべて本人の請求どおり応じなければならないわけではありません。ただし、請求に応じないことを決定した場合は、本人に対してできるだけ早く（遅滞なく）その旨を通知することが義務付けられており、その理由もできるだけ説明するよう努力義務が課せられています（117ページ）。

## どのような場合に裁判になるのか

改正個人情報保護法では、開示・訂正・利用停止・消去等を個人情報取扱事業者に対して求める場合、最終的に裁判により請求することができます。これにより個人情報の本人は、自己の個人情報について強力な請求権を手に入れたとも言われています。これに対して、応訴しなければならない個人情報取扱事業者は、応訴の負担はもちろんのこと、それ以外にも個人情報の取扱いについて、様々な措置を講じなければならないなどの義務を負うことになり、負担が小さくないと言われることがあります。

しかし、本人が開示等を求める場合、直ちに裁判所に訴えを提起できるわけではありません。つまり、個人情報保護法は、開示等のいずれの請求についても、裁判に先立ち、事前に個人情報取扱事業者に対する直接請求を行わなければ、裁判所に訴えを提起することはできないというしくみを採用しています。事前請求について事業者に到達後2週間を経ても、事業者が開示などの措置をとらない場合にはじめて、訴えを提起できます。もっとも、これは、第一次的には当事者による話し合いによる解決を促す趣旨ですので、事業者が開示等を拒否する意思を明示した場合は、2週間の前であっても訴えを提起できます。

# 回答書

〇〇〇〇殿

貴殿から提出されました開示請求書記載の件につき、下記のとおり（開示する・開示しない）ことと決定いたしましたので、ご通知申し上げます。

【開示の対象】

〇〇〇〇〇〇〇〇〇〇〇〇〇〇〇〇〇〇〇〇〇〇〇〇
〇〇〇〇〇〇〇〇〇〇〇〇〇〇〇〇〇〇

【謄写の費用】

謄写の費用として金〇〇〇円をお支払い
いただきますようお願い申し上げます。

※〇月〇日までに、当社にあらかじめご連絡のうえ、お越し下さいますようお願い申し上げます。

【不開示の理由】

〇〇〇〇〇〇〇〇〇〇〇〇〇〇〇〇〇〇〇〇〇〇〇〇
〇〇〇〇〇〇〇〇〇〇〇〇〇〇〇〇〇〇

平成〇〇年〇月〇日

株式会社〇〇〇〇
代表取締役　〇〇〇〇
担当者　　　〇〇〇〇

# 個人情報保護対策

## 個人情報保護方針の策定

まずは、個人情報保護法と照らし合わせて自社がどのような位置にあるのかを知る必要があります。まずは現在事業に利用している個人情報が何件あるか、どんな種類の情報があるか、管理・利用の状況がどのようになっているかを確認しましょう。

また、個人情報保護について個人情報取扱事業者としての姿勢を明確にするために、個人情報保護方針（89ページ）を策定するという方法があります。これは、プライバシーポリシー（プライバシーステートメント）などとも言われます。法律上は事業者に対し、個人情報保護方針の策定や公表の義務を課していませんが、通則ガイドラインなどでは、以下の4つの事項を盛り込んだ個人情報保護方針を策定し、自社のホームページなどで公表することが望ましいとしています。

① 事業の内容および規模を考慮した適切な個人情報の取扱いに関すること
② 個人情報の保護に関する法律を遵守すること
③ 個人情報の安全管理措置に関すること
④ マネジメントシステムの継続的改善に関すること

## 保有する個人情報の洗い出し

企業や事業所の中には、様々な個人情報が存在していると考えられます。営業マンが個々に所有している名刺、退職者も含めた社員名簿、履歴書、顧客名簿、電話帳なども個人情報の一種であることを考えると、その形式、管理方法、入手手段も様々です。

これらの情報を今後どのような形で利用するのかを検討し、

ファイリングする、データベース化するなどの加工を施して管理しやすい状態にしておきましょう。その中には利用目的を達成し、不要となった情報も含まれていると思われます。平成27年改正により、不要となった個人情報（個人データ）を消去する努力義務が追加された（法19条）ことから、このような情報は早急に廃棄・消去をするようにしましょう。とくに利用していない情報でも、漏えいなどの事故が発生すれば本人から損害賠償の請求などを受ける可能性もあるからです。

また、個人情報保護法の施行日（平成29年5月30日）より前に入手した個人情報について、5000件要件（26ページ）によって個人情報保護法が適用されなかった企業は、その利用目的を通知または公表していないことが多いと思われます。しかし、改正後は5000件要件が撤廃されて個人情報保護法の適用を受けますので、今後も継続して利用する個人情報については利用目的を特定し、自社のホームページ上などに本人が容易に知り得る状態で公表することが義務付けられます。

## 果たすべき義務の内容

次に、保有する個人情報が、個人情報保護法上の「個人情報」「個人データ」「保有個人データ」のいずれに該当するかを明らかにしておく必要があります（35ページ）。これは、どの概念に区分されるかによって課される義務が変わってくるからです。

一番広い概念である「個人情報」には、①利用目的の特定や通知・公表の実施、②利用目的の範囲を超えた利用の禁止、③不正手段による取得の禁止、④苦情処理などの義務が課せられます。

次に、「個人データ」には、上記①～④などに加えて、⑤データ内容の正確性の確保、⑥安全管理措置、⑦従業者・委託先の監督、⑧第三者提供の制限などの義務が課せられます。また、⑨個

人データのうち差別、偏見その他の不利益を受けるおそれがある要配慮個人情報については、本人の同意を得なければ取得ができず、オプトアウトによる第三者提供も禁止されるという制限が設けられています。

さらに、一番狭い概念である「保有個人データ」には、上記①〜⑨などに加えて、本人からの開示・訂正等・利用停止等の請求に応じる（応じないことを決めた場合はその旨を通知）義務などが課されています。これらを明確にすることによって、社内での個人情報保護の安全管理体制をどのように構築するべきかが見えてきます。

## 利用目的の通知や公表

個人情報取扱事業者が個人情報を取り扱う際に、利用目的を特定し、取得の際には特定した利用目的を公表・通知しなければならないことは前述のとおりです（77ページ）。

取り扱う件数がわずかであれば、個人情報の取得後に本人に郵送、電話などの方法で通知することもできますが、何万件もの個人情報を取り扱うとなると限界があります。また、通則ガイドラインでは「個人情報の取得前にあらかじめ利用目的の公表が行われていることが望ましい」とされています。

利用目的の公表の方法は、たとえば自社のホームページ上から個人情報を取得する場合には、情報送信前にその利用目的を目にすることができるような作りにしておく、病院や薬局などでカルテを作る際に個人情報を記入してもらう場合には、すぐに目につく受付横の掲示板などに張り紙をしておくなど、場面に応じて工夫します。

## 外部委託している場合

　最近は、経費節減、作業の早期完了などを目的として、様々な業務を外部委託（アウトソーシング）することが多くなっています。

　たとえば、アンケート調査などで入手した個人情報をデータベースの形に加工する業務を外部業者に委託する場合、個人データが委託先の業者に渡ることになります。この場合、経営主体の違う業者に個人データを渡すという点では第三者提供と同様ですが、利用目的の範囲内で個人データの取扱いの委託が行われる場合は第三者提供にあたらず（法23条5項1号）、情報の受渡しに本人の同意は必要ありません。ただし、委託元の個人情報取扱事業者には、委託先の業者が個人データを適正に利用するよう監督する義務が生じます（法22条）。

　もっとも、事業者が委託先に出向いて作業を監督するわけにはいきません。そこで、事業者（委託元）と委託先の間で「個人データを適正に取り扱います」という約束を取り交わし、不正利用を食い止めるという手段がとられます。具体的には、委託契約を結ぶ段階で、契約書を交わして委託元と委託先の責任の所在を明確にした上で、個人データの安全管理措置（漏えい防止、委託契約外の加工の禁止など）について取り決めをします。さらに、

### ■ 委託者の義務

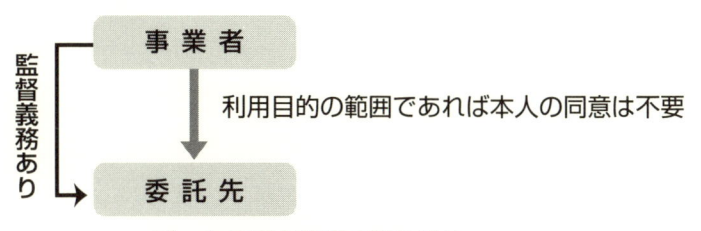

監督義務あり

**事　業　者**

利用目的の範囲であれば本人の同意は不要

**委　託　先**

・データの安全管理の取り決め
・秘密保持契約　　・損害賠償の明示

別途秘密保持義務に関する契約書を交わす、万一漏えいなどの事件が起こった場合の損害賠償の予定額（賠償額の予定）を明示しておくことも考えられます。また、定期的に安全管理の状況について確認を行うといった措置も必要でしょう。

　なお、委託先への必要かつ適切な監督が行われていない状態でさらに委託（再委託）を行い、再委託先で情報漏えいなどの事件が発生した場合は、再委託元（委託先）だけでなく、最初の委託元である事業者にも法的責任が生じる可能性があります。

## データの保存

　情報漏えいなどのリスクを考えると、利用目的を果たした個人情報は、できるだけ保有しないようにしておいた方が無難です。

　個人データの保存期間については、平成27年改正により、利用の必要がなくなった個人データに関して、個人情報取扱事業者に対し遅滞なく消去する努力義務を課する規定が設けられました（法19条）。たとえば、懸賞の応募にあたって情報を取得する際に「懸賞の抽選および賞品の発送に関してのみ情報を利用し、事業終了後は速やかに破棄します」といった内容を公表している例が見られますが、このようにしておくと応募する本人にも安心感を与えることができます。安全管理の面から見ても、事業者の内部において保存方法や管理担当者、破棄のタイミングなどについて明確にしておく方がよいでしょう。

## 個人情報の消去方法

　実際に個人情報を消去する際には、どのようにすればよいのでしょうか。ある個人情報のリストを廃棄するよう部下に指示したにもかかわらず、そのまま名簿業者に売られてしまうことも十分考えられます。また、一般的なパソコン上のデータの消去方法と

して、「削除」メニューを使うか、またはフォーマットを行うことが挙げられますが、これらの方法ではデータが完全には消去されず、復元ソフトなどを使用すれば情報を取り出せる可能性があります。

ですから、消去の手順や方法についてもマニュアル化し、誰が担当しても確実に消去できる、消去の段階で担当者が情報を持ち出すことを防止するなどの対策を立てておくことが必要になります。

通則ガイドラインによると、消去の方法としては、たとえば紙ベースの情報であれば、シュレッダー、焼却などで再現できないようにし、それを複数で確認することが求められます。デジタルデータ化された情報であれば、保存しているハードウェア（CD-R、ハードディスク、USBメモリなど）を物理的に破壊する、データ削除用のソフトを使って情報を上書きするなどして、新たに加工したりインターネット上で公表できないようにすることが求められます。

なお、個人情報の消去については「特定の個人」の情報と認識（識別）できない状態になればよく、情報の一部を無記名のアンケート情報などと同様に資料として使用することは問題ありません。

## 個人情報のメンテナンスやチェック体制の整備

ある企業が、個人情報取扱事業者として、個人情報保護方針やその他の社内規程を整備することで、個人情報保護法が要求する水準の管理体制を整えることが、ある時点においては達成することが可能です。

しかし、企業が行う事業は、ある一時点において完成するという性質のものではなく、たとえば取引先ひとつとっても、増減を繰り返し、取引先のリストを作成してみたところで、それはある時点での暫定的なものにすぎず、適切なタイミングで更新等の作

業が必要になります。

　取引先のリストと同様に、顧客情報等の個人情報に関しても、企業が事業を継続的に遂行している限り、その取り扱っている情報の数は、日々増減を繰り返しているはずで、ある時点で管理体制を整えたと思っていても、新たに増加した情報に対する管理体制が不十分であるという事態は少なからず起こり得ます。そのため、企業は定期的に取り扱っている個人情報について、その増減や管理の程度等に関するメンテナンスを繰り返す必要があります。ある時点では、個人情報保護法が要求する管理体制を整備していると評価できる場合であっても、増減した情報に対して、管理が行き届いていないのであれば、最新の状態では、その企業の個人情報の管理体制は不十分であるとの評価を受けざるを得ません。

　また、反対に当初整備した管理体制が、その企業の現状に合わずに、過度な負担を従業員等に強いるものである場合も考えられるところです。確かに個人情報に対する、漏えい等の防止のための措置は重要ですが、取り扱う情報の内容に比べて、あまりにも管理の方法や程度が厳重すぎる場合には、かえって事業運営を妨げてしまい、その企業の収益にマイナスに働いてしまっては本末転倒だといえます。メンテナンスにおいては、取り扱っている情報のアップデートの他、企業の実情と照らし合わせ、現在の管理体制が適切かをチェックしましょう。

## 監査体制の整備

　企業の個人情報の管理体制について、日常的なメンテナンスが重要なことは言うまでもありませんが、それと併せて監査体制を整備しておく必要があります。企業の内部に個人情報の取扱いに明るい監査専門の部署を立ち上げるなどして、事業運営を客観的にチェックする機構を整え、定期的に監査を行い、監査結果に基

づき、個人情報の管理体制を見直す契機にすることで、効果的・効率的な情報管理体制を整えることが期待できます。

## 情報漏えい時の危機管理

どんなに安全管理に気を配っていても、ミスや悪意などから情報漏えいなどの事故が発生する可能性をゼロにすることはできません。このため、情報漏えいが起こった場合を想定し、その後どのように対応していくかを定めておく必要があります。

まずは、情報漏えいなどの事故をできるだけ早く、確実に発見することが重要です。事業者側でそもそも情報漏えい自体が生じないように監視をする体制を整えることはもちろん必要です。一方、情報漏えいなどの事実は、個人情報の本人または身近な人からの苦情や相談などによって発覚することも多いようですから、個人情報取扱いに関する窓口を作って早急に対応できるような体制を整えておきましょう。窓口を設置した後に電話番号、メールアドレス、担当者名などを自社のホームページ上でわかりやすい形で公表しておきます。

情報漏えいなどが発覚したときにしなければならないことは、原因究明と被害拡大の防止、本人に対するアフターフォロー、再発防止の体制作りです。今後の情報漏えいを食い止めるためにホームページの閉鎖やサーバーの切断をするといった技術的な対策と同時に、被害者に対する連絡と謝罪、今後の対応についての相談などを行います。損害賠償やシステムの復旧については、被害拡大が阻止され、ある程度メドが立ってから行うことになるでしょう。これらの対応を迅速に行えるような体制をあらかじめ作っておく必要があります。

**プライバシーポリシー（個人情報保護方針）**

---

**プライバシー・ポリシー（個人情報及び特定個人情報等保護方針）**

　わが社は、現代情報化社会における個人情報及び特定個人情報等（個人番号及び個人番号をその内容に含む個人情報をいう。以下同じ）の重要性及びその侵害の危険性について真摯に認識し、全社を挙げて個人情報及び特定個人情報等の保護に努めるべく、ここに宣言する。

**第1条（個人情報及び特定個人情報等の取得）**
　① 　わが社は、個人情報を取得するにあたっては、個人情報保護法及び番号利用法の理念に沿って、適正な手段を講じるものとする。また、要配慮個人情報（人種、信条、社会的身分、病歴、犯罪の経歴、犯罪被害情報等をいう、以下同じ）の取得は、本人の同意なく取得することをしない。
　② 　わが社は、個人番号関係事務を処理するために必要がある場合に限り、特定個人情報等を取得し、番号利用法の理念に沿って、適正な手段を講じるものとする。

**第2条（個人情報及び特定個人情報等の管理）**
　① 　わが社は、取得した個人情報及び特定個人情報等の正確性を保ち、これを安全に管理し、そのために必要な物的・人的・技術的安全管理体制を整えるものとする。なお、特定個人情報の取得に際しては、厳格な本人確認を実施する。
　② 　わが社は、IT 社会における個人情報及び特定個人情報等保護のため、不正アクセス等に対するセキュリティ体制を整えるべく努めるものとする。
　③ 　わが社は、取締役以下全従業員、業務上取り扱う個人情報

及び特定個人情報等保護のために、管理方法等の研修を実施するものとする。

④　わが社は、個人情報及び特定個人情報等の管理を徹底するために、個人情報保護責任者及び特定個人情報等保護責任者を任命し、その任にあたらせるものとする。

### 第3条（個人情報及び特定個人情報等の利用）

①　わが社は、取得した個人情報については、その取得に至る利用目的の範囲内において、かつ、業務上必要な限度においてのみ、利用するものとする。

②　わが社は、個人番号関係事務を処理するために必要がある場合、かつ、業務上必要な限度においてのみ、特定個人情報等を利用するものとする。なお、たとえ本人の同意があっても必要な限度を超えて特定個人情報等を利用しない。

③　わが社は、個人情報の取扱いを第三者に委託する場合、第三者と共同して利用する場合には、当該第三者について、厳正かつ適正な調査および監督を施すものとする。

④　わが社は、個人情報の取扱いを第三者に委託する場合、第三者と共同して利用する場合には、外部委託管理規程、外部委託運用細則を遵守し、秘密保持契約を締結するものとする。

⑤　わが社は、個人番号関係事務を処理するために必要がある場合、かつ、業務上必要な限度においてのみ、特定個人情報等の取扱いを第三者に委託するものとする。また、個人番号関係事務の全部または一部を他者に委託するときは、外部委託管理規程、外部委託運用細則を遵守し、秘密保持契約を締結するものとする。なお、委託先がわが社の許諾を得て再委託する場合においても同様とする。

⑥　わが社は、個人番号関係事務を処理する必要がなくなったときは法令の保存期間経過後、速やかに廃棄または削除する

ものとする。

## 第4条（匿名加工情報）

① わが社は、業務上必要な場合において、個人情報を特定の個人が識別できず、かつ復元することができないよう匿名加工を施すときは、個人情報保護委員会規則の定める手続きに従って適切な加工を行うものとする。

② わが社は、前項により加工された匿名加工情報を第三者に提供するときは、提供する情報の項目及び提供の方法について公表するとともに、提供先の第三者に対して、当該提供する情報が、匿名加工情報である旨を明示するものとする。

③ わが社は、匿名加工情報の安全管理に必要、かつ、適切な措置を講じ、講じた措置の内容を公表するものとする。

## 第5条（個人情報及び特定個人情報等の第三者提供）

① わが社は、法令に定めがある場合を除いて、事前に本人の同意を得ることなく、個人情報を第三者に対して提供することはしない。

② わが社は、個人情報を第三者に対して提供するときは、個人情報保護委員会で定める規則に従い、当該個人情報を提供した年月日、当該第三者の氏名等の記録を作成し、一定の期間保存するものとする。

③ わが社は、法令に定めがある場合を除いて特定個人情報等を第三者に対して提供することはしない。

## 第6条（個人情報び特定個人情報等の開示等）

① わが社は、個人情報び特定個人情報等については、その本人からの、開示、訂正、利用停止、消去等の請求がある場合には、必要な範囲内で、適正かつ速やかな対応を講ずるものとする。

② わが社は、特定個人情報等については、自らの特定個人情

報等が違法に第三者に提供されている訴えがあり、かつ、それが事実であったときに、遅滞なく第三者への提供を停止するものとする。

**第7条（個人情報保護マネジメントシステムの策定）** わが社は、本方針の内容を実現し、個人情報保護及び特定個人情報等保護対策を実現するために、これらの情報を適切に利用するとともに、個人情報管理規則及び特定個人情報等管理規則を策定し、従業員その他関係者に周知徹底し、なおかつ、適宜、継続的に改善していくものとする。


附　　則

1　この規則を変更または廃止する場合は、取締役会の承認を必要とする。
2　この規則は平成26年4月5日制定し、同日実施する。
3　この規則の主管者は総務部門長とする。


（制定記録）

制定　　平成26年4月5日
改訂　　平成28年4月5日

# 社員の個人情報・マイナンバーの取扱い

## 従業員からの取得手続きとマイナンバーの管理

　企業は、従業員等の社会保障や租税の手続きのため、マイナンバー（個人番号）の取扱いが許される「個人番号利用事務実施者」である国の行政機関に対して、従業員等の個人番号を提示しなければなりません。そのため、民間企業等は「個人番号関係事務実施者」と呼ばれ、従業員の個人番号が正しいかを確認する必要があります。

　企業側が従業員等のマイナンバーに関する手続きをする場合に、企業の人事や総務の担当者が従業員等に提出を求める必要書類には、マイナンバーが記載された書面としての「通知カード」や「個人番号カード」があります。さらに、マイナンバーの取扱いには本人確認書類が必要です。「個人番号カード」が提出された場合は、個人番号カードを本人確認書類とすれば足りますが、「通知カード」が提示された場合は、その他の書類として運転免許証などの顔写真つきの本人確認書類を提出してもらいます。企業が提示した従業員のマイナンバーや本人確認書類を受けて、国の行政機関は本人確認書類をもとに本人確認を行います。そして、不備がなければ提出書類の内容が登録され、マイナンバーを本人から取得する手続きが完了します。

　マイナンバーはプライバシーの問題を生じさせるおそれがあるため、その取扱いにはきわめて慎重な対応が求められます。マイナンバー法によると、社会保障・租税または災害対策などの目的以外でマイナンバーを収集することは許されません。

　ただし、平成27年10月の法改正で、租税分野における「本人交付用の源泉徴収票」にはマイナンバーの記載が不要になりまし

た。源泉徴収票については、郵送における紛失の危険性や発行時の複写防止措置などの手間がかかる恐れがあり、これまでよりマイナンバーの記載の取りやめを希望する動きがありました。法改正が行われたことで、これらのリスクが軽減されることになります。ただし、行政機関（税務署）提出用の源泉徴収票にはマイナンバーの記載が必要であるため、手続きの際には注意が必要です。

また、マイナンバーについては、収集と同様に目的外の保管は許されていません。さらに、マイナンバーが記載された書類を保存する期間が定められているケースがありますが、この場合は、定められた期間の経過後は速やかに書類を廃棄・削除しなければなりません（158ページ）。その他、マイナンバーを狙った、インターネットなどによる不正アクセスも考えられるため、対策ソフトウェアの導入や保存管理場所の徹底なども重要な対策のひとつです。

企業には、これらのマイナンバーの取扱いに関する安全措置を適切に行い、また従業員に対してもマイナンバーに関する取扱いについての周知を行い、管理をすることが義務付けられています。

ただし、特定ガイドラインによると、従業員の数が100人以下のの金融分野以外の企業（中小規模事業者）では、原則としてマイナンバーに関する安全措置義務が緩和されています（166ページ）。具体的には、組織的安全管理措置、物理的安全管理措置、技術的安全管理措置が緩和されています。しかし、マイナンバーは特定個人情報であるため、厳重な管理が必要であることに変わりはありません。企業や従業員の個人情報漏えいによる被害を防ぐため、マイナンバーの取扱いに関する体制を整え、周知させていくことは、中小規模事業者にとっても重要だといえます。

第1章　　総則

**第1条（目的）** 本規程は、行政手続における特定の個人を識別するための番号の利用等に関する法律（番号法）、および、個人情報の保護に関する法律（個人情報保護法）に則り、○○株式会社における個人番号および特定個人情報の適正な取扱いの確保に関し必要な事項を定めたものである。

**第2条（定義）** この規程における用語の意義は、次の各号に掲げる通りとする。

①　個人情報

　生存する個人に関する情報であって、当該情報に含まれる氏名、生年月日その他の記述等により特定の個人を識別することができるもの（他の情報と容易に照合することができ、それにより特定の個人を識別することができるものを含む）、および特定の個人の身体の一部の特徴を電子計算機によって用いるために変換した文字、番号、記号その他の符号であって、当該特定の個人を識別することができるもの（個人識別符号）をいう。

②　個人番号

　住民票コードを変換して得られる番号であり、当該住民票コードが記載された、住民票記載の者を識別するために指定される番号（個人番号に対応し、当該個人番号に代わって用いられる番号、記号その他の符号であって、住民票コード以外の番号を含む）をいう。

③　特定個人情報

　個人情報のうち、個人番号を内容に含む情報をいう。

④　個人情報データベース等

　個人情報を含む情報の集合体であって、特定の個人情報について電子計算機を用いて検索することができるように体系的に構成したものの他、特定の個人情報を容易に検索することができるように体系的に構成したもの（個人情報保護法施行令で定

めたものを除く）をいう。

⑤　個人情報ファイル

　個人情報データベース等であって、行政機関および独立行政法人等以外の者が保有するものをいう。

⑥　特定個人情報ファイル

　個人番号をその内容に含む個人情報ファイルをいう。

⑦　個人番号利用事務

　行政機関、地方公共団体、独立行政法人等その他の行政事務を処理する者が保有する特定個人情報ファイルにおいて、個人情報を効率的に検索および管理するために必要な限度で個人番号を利用して処理する事務をいう。

⑧　個人番号関係事務

　個人番号利用事務に関して行われる、必要な限度で他人の個人番号を利用することにより行う事務をいう。

⑨　個人番号利用事務実施者

　個人番号利用事務を処理する者、および、個人番号利用事務の全部または一部について委託を受けた者をいう。

⑩　個人番号関係事務実施者

　個人番号関係事務を処理する者、および、個人番号関係事務の全部または一部の委託を受けた者をいう。

⑪　個人情報取扱事業者

　個人情報データベース等を事業に用いている者（国の機関、地方公共団体および独立行政法人等を除く）をいう。

⑫　個人情報取扱事業者でない個人番号取扱事業者

　特定個人情報ファイルを事業に用いている個人番号関係事務実施者、または、個人番号利用事務実施者であり、国の機関、地方公共団体の機関および独立行政法人等以外の者で個人情報取扱事業者を除いた者をいう。

⑬　従業者

　直接または間接に○○株式会社の指揮監督を受けて、会社の

業務に従事している者をいう。

⑭　特定個人情報の取扱い

特定個人情報の取得、安全管理措置、保管、利用、提供、委託、廃棄および消去をいう。

⑮　雇用管理情報

従業員等の採用および雇用管理のために、会社が収集、保管および利用等を行う個人情報をいい、その限りにおいて、病歴、収入および家族関係等の機微に触れる情報（以下では「機微に触れる情報」という）を含む、従業員等個人に関するすべての情報が該当する。

⑯　事務取扱担当者

○○株式会社における個人番号関係事務、その他の特定個人情報等の事務を取り扱う権限を会社から与えられた従業員をいう。

⑰　特定個人情報保護責任者

本規程に基づき、会社の特定個人情報、その他の雇用管理情報（以下では「特定個人情報等」という）の管理や、事務取扱担当者を監督する責任者をいう。

**第3条（適用範囲）** 本規程は、○○株式会社および従業者に適用する。

**第4条（基本理念）** ○○株式会社における特定個人情報等の適正な取扱いを確保するため、特定個人情報等の適正な取扱いに関する基本理念として、以下の事項を定め従業者に周知しなければならない。

①　特定個人情報等に関する法令の遵守とともに、○○株式会社の事業内容に照らして、特定個人情報等を適切に取り扱う旨の宣言文

②　特定個人情報等の利用目的

③　特定個人情報等の安全管理措置に関する事項

④　特定個人情報等の社内体制に関する事項

**第5条（利用目的の特定）** 会社は、特定個人情報等につき、次の

各号に掲げる目的のみに利用することができる。
① 従業員等（扶養親族等を含む）に係る事務
② 法令に定める災害対策に関する手続き
③ その他、番号法第9条に定める手続き

2 会社は、特定個人情報等以外の雇用管理情報について、次の各号に掲げる目的のみに利用することができる。
① ○○株式会社が行う給与計算（各種手当等）、および支払手続き
② 法令に従った医療機関または健康保険組合からの健康情報の取得
③ ○○株式会社内の人員配置のため
④ 教育管理のため
⑤ 福利厚生等の各種手続
⑥ 前各号の他、会社の人事・雇用管理の目的を達成するために必要な事項

### 第2章　　安全管理措置

**第6条（個人番号を取り扱う事務）** ○○株式会社においては、個人番号を取り扱う事務を、以下の事務に限定する。
① 従業員等の源泉徴収事務、社会保険関係事務および労働保険関係事務
② 前号に付随して行う必要がある事務

**第7条（特定個人情報保護責任者）** ○○株式会社は、特定個人情報等の取扱いに関して、総括的な責任者として、特定個人情報保護責任者を設置する。

2 特定個人情報保護責任者は、次の各号に掲げる事項その他○○株式会社における特定個人情報等に関するすべての権限と責務を持つ。
① 本規程第4条に規定する基本理念の策定や従業者への周知等
② 特定個人情報等に関する安全・管理対策の策定・実施

③　特定個人情報等の適正な取扱いの維持・推進等に係る事務

3　特定個人情報保護責任者は、前項の事項を行うために必要な知識および経験を有していると認められる者の中から選任する。

4　特定個人情報保護責任者の業務は、次の各号に掲げるものとする。

①　特定個人情報等の管理、個人番号関係事務または個人番号利用事務の実施に関する事項

②　従業者等の監督および教育に関する事項

③　特定個人情報等の安全管理に関する教育研修の企画・運営

④　個人番号の取得、本人確認および特定個人情報等の管理

⑤　雇用管理データベースまたは特定個人情報ファイルの作成および管理に関する事項

**第8条（個人番号事務取扱担当者）**会社は、個人番号関係事務に従事する者を、事務取扱担当者として選任する。

2　事務取扱担当者は、個人情報および特定個人情報等の取扱いに関する留意点について、定期的に教育研修を受けなければならない。

3　事務取扱担当者は、会社の個人番号関係事務を処理するために必要な限度で、次の各号の事務を行う。

①　特定個人情報等の取得・利用・保存、提供および消去・廃棄等

②　個人番号が記載された書類等の作成、行政機関等への提出、および従業者等への交付

③　従業員等の個人番号が記載された書類等の受領

**第9条（安全管理措置に関する原則）**特定個人情報等は、事務取扱担当者のみが、業務の遂行上必要な限りで取り扱い、特定個人情報等の取扱いに係る権限を付与されていない者が業務を行ってはならない。

2　事務取扱担当者は、業務上知り得た個人情報の内容をみだりに第三者に知らせ、または、不当な目的で使用してはならない。

また、事務取扱担当者の職を退いた後も同様にこの義務を負う。

3　特定個人情報等の取扱いに関し、不正アクセスや、データの紛失・破壊・改ざん・漏えい等の事故、または法令もしくは当社諸規程に違反する行為の存在を把握した場合には、直ちに特定個人情報保護責任者に報告しなければならない。

**第10条（特定個人情報等管理等）** 特定個人情報等の漏えい等の事故を防止するために、特定情報ファイルを管理する区域（「管理区域」）、および、特定個人情報等を取り扱う事務を実施する区域（「取扱区域」）を明確にしなければならない。

2　管理区域とは、特定個人情報等を取り扱う機器等、および特定個人情報ファイルを管理するキャビネット等のある区域をいう。他の区域との仕切り等の設置や、キャビネット等の施錠等の安全管理措置を講じなければならない。

3　取扱区域とは、事務取扱担当者の机周辺をいう。他の区域との仕切りの設置や、座席配置等による安全管理措置を講じなければならない。

**第11条（従業者等の遵守事項）** すべての従業者等は、特定個人情報等について、下の各号の事項を遵守しなければならない。

①　特定個人情報等について、これを偽る、またはその他不正な手段により収集してはならない。

②　特定個人情報等を、収集目的以外の目的で利用してはならない。

③　特定個人情報等以外の雇用管理情報については、本人の同意を得た場合、または本規程に定めがある場合を除いて、収集目的以外の目的で利用してはならない。

④　特定個人情報等について、「番号法」で限定的に明記された場合を除いて、第三者に提供してはならない。

⑤　業務上の必要がない場合、または特定個人情報保護責任者の許可なく、取扱区域および管理区域内に立ち入ることはできない。

⑥　アクセスが禁止されている特定個人情報等に、不正にアクセスしてはならない。

⑦　本人または他の従業者等の特定個人情報等を、改ざんまたは加工してはならない。

⑧　個人番号関係事務以外の目的で、他の従業者等の特定個人情報等を書き写す等してはならない。

⑨　利用目的の範囲を超えて、特定個人情報等を含む書類やデータ等のコピーを作成してはならない。

**第12条（従業者等の教育）**特定個人情報保護責任者は、事務取扱担当者以外の従業者等に対して、特定個人情報等を含むすべての個人情報の適切な管理のために、必要な教育研修の実施、または情報提供等を行い、特定個人情報等の適正な取扱いを確保するための措置を講じなければならない。

2　従業者等は、会社が行う教育研修に参加しなければならない。

3　○○株式会社は、従業者等が特定個人情報等を取り扱うにあたり、必要かつ適切な監督を行わなければならない。

**第13条（安全管理体制の見直し）**○○株式会社は、特定個人情報等の取扱に関する安全管理措置の体制に関して、必要があると認める場合には、見直しを行い改善を行うものとする。

**第14条（苦情等への対応）**○○株式会社は、特定個人情報等の取扱に関して、苦情がある場合に、適切に対応するための体制を整備するものとする。

### 第3章　特定個人情報等の取得

**第15条（特定個人情報等の取得）**○○株式会社は、原則として、特定個人情報等を従業者等本人から取得する。

2　○○株式会社は、契約書等の書面により、直接本人から特定個人情報等を取得する場合には、原則として、あらかじめ本人に対し、その利用目的を明示しなければならない。

**第16条（個人番号の提供の求め）**○○株式会社は、個人番号関係

事務、または個人番号利用事務を処理するために必要があるときに限り、従業者等本人や、他の個人番号関係事務実施者または個人番号利用事務実施者に対して、個人番号の提供を求めることができる。

2　従業者等は、前号の提供の求め（扶養親族および第三号被保険者である配偶者に係る情報を含む）に協力しなければならない。

**第17条（個人番号の提供の求めの例外）**　○○株式会社および従業者等は、次の各号のいずれかに該当する場合を除いて、他人に対して個人番号の提供を求めてはならない。

①　個人番号利用事務実施者が、個人番号利用事務を処理するために必要な限度で、従業者等本人やその代理人、または個人番号関係事務実施者に対して、特定個人情報等を提供するとき。

②　個人番号関係事務実施者が、個人番号関係事務を処理するために必要な限度で、特定個人情報等を提供するとき。

③　従業者等本人、またはその代理人が、個人番号関係事務実施者または個人番号利用事務実施者に対して、個人番号を含む特定個人情報等を提供するとき。

④　合併その他の事由による事業の承継に伴って、特定個人情報等が提供されるとき。

⑤　「番号法」が定める公益上の必要がある場合や、人の生命・身体・財産の保護のために提供等を行うとき。

**第18条（本人確認）**　○○株式会社は、本人から個人番号の提供を受けるときは、本人確認（本人の個人番号の確認および身元の確認をいう）のため、次の各号のいずれかの措置を講じるものとする。

①　個人番号カードの提示を受けること。

②　通知カードおよび通知カード記載事項が、本人に関する情報であることを証明する書類の提示を受けること。

③　上記各号以外の方法で、その他関係法令により定める方法。

2　従業者等は、個人番号の提供が個人番号利用事務および個人

番号関係事務に必要があると認められる場合に限り、会社が行う本人確認の措置（扶養親族および第三号被保険者である配偶者に関する確認を含む）に協力しなければならない。

**第19条（本人確認書類の保存等）** ○○株式会社は、提出された従業者等の通知カードや個人番号カード、その他本人確認書類について、個人番号を利用する事務が終了するまでの間、または法令により定められた期間（以下では「法定保存期間」という）が終了するまでの間、適切に保管しなければならない。

**第20条（従業者等の応募書類等の取扱い）** 従業者等の採用選考に使用した履歴書等の応募書類（採用された者に係る情報を除く）は、その利用目的が達成された後は、あらかじめ応募者にその旨を伝えた上で、返却、廃棄または削除の措置を適切かつ確実に行わなければならない。

**第21条（特定の機微な雇用管理情報）** ○○株式会社は、従業者等について、次の各号に掲げる内容を含む個人情報の取得、利用または提供を、原則として行わないものとする。

① 思想、信条および宗教に関する事項。

② 人種、民族、門地、本籍地、身体または精神の障害、犯罪歴その他社会的差別の原因となる事項。

③ 勤労者の団結権、団体交渉およびその他団体行動の行為に関する事項。

④ 集団示威行為への参加、請願権の行使およびその他の政治的権利の行使に関する事項。

⑤ 保健医療および性生活に関する事項。

2 前項に関する情報は、法令に基づく場合や、人の生命、身体または財産の保護のために必要がある場合であり、本人の同意を得ることが困難である場合には、前項の規定にもかかわらず取得・利用または提供を行うことができる。

## 第4章　特定個人情報等の保管および廃棄等

**第22条（保管）**　○○株式会社は、情業者等の個人番号に関わる事務が終了するまでの間、特定個人情報等を保管するものとする。ただし、関係法令において、保存期間が定められている情報については、当該期間を経過するまでの間、特定個人情報等を保管するものとする。

**2**　特定個人情報等を取り扱う機器、磁気媒体等および書類等は、特定個人情報等の漏えい、滅失または毀損の防止その他の安全管理を確保するために、必要な保管および管理の方法を整備しなければならない。

**第23条（特定個人情報等の持出し等）**　○○株式会社において保有する特定個人情報等を持ち出すときは、次の各号に掲げる方法により管理する。

① 特定個人情報等を含む書類を持ち出すときは、外部から容易に閲覧されないよう封筒に入れる等の措置を講じる。

② 特定個人情報等を含む書類を郵送等により発送するときは、簡易書留等の追跡可能な移送手段等を利用する。

③ 特定個人情報ファイルを磁気媒体等または機器にて持ち出すときは、ファイルへのパスワードの付与等、またはパスワードを付与できる機器の利用等の措置を講じる。

**第24条（正確性の確保）**　○○株式会社は、利用目的の達成に必要な範囲内において、特定個人情報等を、正確かつ最新の状態で管理するよう努めなければならない。

**第25条（情報の開示と訂正）**　従業者等は、本人の特定個人情報等に誤りがないか確認を行うことができる。

**2**　本人の特定個人情報等に誤りがあるときは、従業者等は、○○株式会社に対して、訂正を要請することができる。訂正の要請に対して、会社は、直ちに、これを訂正するものとする。

**第26条（特定個人情報等の破棄等）**　個人番号関係事務の処理の必

要がなくなり、その後に法令で定める保存期間を経過した場合には、○○株式会社は、当該経過した日の属する事業年度の末日（以下では「廃棄期日」という）までに、個人番号が記載された書類および記録されたデータ等を、廃棄または削除しなければならず、廃棄期日を超えての保存は許されない。

2　特定個人情報等の廃棄または削除は、焼却、溶解、磁気データの物理的破壊等、少なくとも当該個人番号が復元できないようになる程度で行わなければならない。

### 第5章　特定個人情報等の利用

**第27条（特定個人情報等の利用目的による制限）** ○○株式会社は、この規程に定める利用目的の達成に必要な範囲を超えて特定個人情報等を取り扱ってはならない。

2　合併その他の事由により、他の個人情報取扱事業者の事業を承継することに伴って特定個人情報等を取得した場合には、原則として、承継前における当該個人情報の利用目的の達成に必要な範囲を超えて、当該特定個人情報等を取り扱ってはならない。

**第28条（特定個人情報等以外の雇用管理情報の利用目的による制限）** 会社は、あらかじめ本人の同意を得ずに、会社が特定した利用目的の達成に必要な範囲を超えて雇用管理情報を取り扱ってはならない。

2　合併その他の事由により他の事業を承継することに伴って雇用管理情報を取得した場合には、あらかじめ本人の同意を得ずに、承継前における当該雇用管理情報の利用目的の達成に必要な範囲を超えて、当該雇用管理情報を取り扱ってはならない。

**第29条（役員等の閲覧）** 役職者である従業者等は、その必要の範囲内において、直属の部下の雇用管理情報（特定個人情報等に該当する部分を除く）を閲覧することができる。ただし、あらかじめ、特定個人情報保護責任者の承認を得ておかなければならない。

2 特定個人情報等については、原則として閲覧することはできない。

## 第6章 特定個人情報等の提供

**第30条（特定個人情報等の提供の制限）** ○○株式会社および従業者等は、原則として、特定個人情報等を提供してはならない。また、個人情報保護法に基づく共同利用は認めない。

2 人の生命、身体または財産の保護のために必要がある場合において、本人の同意があり、または本人の同意を得ることが困難であるときは、前項の規定にかかわらず○○株式会社で保有している特定個人情報等を提供することができる。

**第31条（雇用管理情報の第三者提供の制限）** 会社は、原則として、事前に本人の同意を得ないで、雇用管理情報を第三者に提供してはならない。ただし、委託契約や事業承継等が行われた場合には、この限りではない。

**第32条（第三者への提供の停止等）** ○○株式会社は、従業員等からの求めにより、開示対象である特定個人情報等の利用目的の通知、開示、内容の訂正・追加・削除、利用の停止・消去、第三者への提供の停止に応じるものとする。

## 第7章 特定個人情報等の廃棄・消去

**第33条（特定個人情報等の廃棄・消去）** ○○株式会社は、法定保存期間を経過した書類等について、次の通り速やかに廃棄する。

① 特定個人情報等を含む書類の廃棄は、焼却または熔解等の復元不可能な手法により廃棄する。

② 特定個人情報ファイルは、完全削除ソフトウェア等により完全に消去する。

③ 特定個人情報等を含む磁気媒体等は、破壊等により廃棄する。

## 第8章　危機管理体制その他

**第34条（情報漏えい等に対応する体制の整備）**　○○株式会社または従業員等は、情報漏えい等の事案の発生または兆候を把握した場合は、直ちに特定個人情報保護責任者に報告しなければならない。

**第35条（危機管理対応）**　会社および従業員等は、特定個人情報等を含むすべての個人情報の漏えいの事故が発生した場合、および番号法、本規程その他情報に関する社内規程に違反する事実が生じた場合は、被害拡大防止のための措置を講じなければならない。

2　違反する事実が個人情報の漏えい、滅失またはき損（そのおそれがある場合を含む）であるときは、当該事実が生じた個人情報の内容を本人に速やかに通知し、または本人が容易に知り得る状態に置かなければならない。この場合において、特定個人情報保護責任者は、速やかに事実関係を調査し、漏えいの対象となった本人に対する対応を行うとともに、被害拡大防止のための措置を講ずる。

3　会社は、再発防止措置、社内処分を決定し、必要に応じて、関係機関への報告または公表する等の対応を行うものとする。

**第36条（懲戒・損害賠償）**　○○株式会社は、故意または過失により法令に違反し、または本規程その他の個人情報に関する社内規程に違反した従業者等に対しては、就業規則または誓約書等により処分を行うとともに、会社に損害を与えた場合には、損害賠償を請求するものとする。

**第37条（関係法令）**　この規程の措置に関して、この規程に定めのない事項については、番号法、個人情報保護法その他個人情報保護委員会のガイドライン等に定めるところによる。

**第38条（改廃）**　本規程の改廃は、特定個人情報保護責任者が、個人情報管理委員会の審議を経て起案し、取締役会の決議による

ものとする。

2　○○株式会社は、特定個人情報等を含むすべての個人情報の適切な保護を維持するため、定期的に本規程を見直し、必要と認められる場合には、その改廃を指示しなければならない。

**第39条（個人情報取扱事業者でない個人番号取扱事業者における特定個人情報等の取扱い）** 個人情報取扱事業者でない個人番号取扱事業者においても、保有する特定個人情報等について、番号法に特段の定めのない事項については個人情報保護法における個人情報の保護措置に関する規定および個人情報保護委員会のガイドライン等に基づき、適切に取り扱うものとする。

**第40条（所管官庁等に対する報告）** 特定個人情報保護責任者は、特定個人情報等の漏えいの事実または漏えいの恐れを把握した場合には、直ちに特定個人情報保護委員会および所管官庁に報告する。

**第41条（罰則について）** ○○株式会社は、本規程に違反した従業員に対して就業規則に基づく処分を行い、その他の従業者に等対しては、契約または法令に照らして処分を決定する。

附　　則

1　この規程は平成○年○月○日に制定し、同日実施する。

2　この規程の主管者は総務部門長とする。

3　この規程を改廃する場合は、「過半数従業員の選出に関する規程」に基づいて選出された従業員の過半数代表者の意見を聴いて行う。


（制定記録）

制定　　平成○年○月○日

# 秘密保持契約書を作成する手順

## 秘密保持契約書の記載事項

　実際に秘密保持契約書を作成するにあたって、どのようなことを決める必要があるのでしょうか。一般的な例では、秘密保持契約書に盛り込む内容として、①対象となる情報の範囲、②秘密保持義務及び付随義務、③例外規定、④秘密保持期間、⑤義務違反の際の措置などを挙げています。

　秘密保持契約を締結する際にはその対象となる情報を限定しなければならないということは、ここまでにも何度か触れてきました。その理由としては次のような点が挙げられます。

### ①　公序良俗に反するおそれがある

　たとえば企業と従業者の間で秘密保持契約を締結する場合に、「業務上知り得た会社の情報すべてを保持するため、出勤・退勤時に必ず所持品検査を行う」という条項を設けていたとします。そこまでして守らなければならない情報があるのであれば、従業者も納得して検査を受けるはずですが、会社の経営を脅かすような重大な情報には触れることもできない立場の従業者が毎日所持品検査を受けるのは、精神的な苦痛も大きく、時間的にもかなりの制約を受けます。

　このような場合、契約の対象を「すべての会社の情報」「全従業員」とするのは合理性・必要性を欠き、公序良俗（社会で一般的に通用している秩序や道徳観念のこと）に反すると判断される可能性が高くなります。

### ②　契約者間に認識のズレが生じるおそれがある

　対象の情報を単に「業務上機密とされる情報」などあいまいな表現で規定していた場合、会社側はA・B2つの情報を機密と考

えていたのに従業者側はＢだけが機密だと思っていた、ということが起こる可能性があります。

**③　裁判時に「秘密管理性を欠く」と判断されるおそれがある**

　秘密保持契約は、その情報が不正競争防止法によって保護される「営業秘密」であると認められるための要件のひとつ、秘密管理性を証明するものとして有効な手段です。

　しかし、秘密保持契約の対象となる秘密を具体的に定めていなかった場合、秘密管理性を充足するものにはならない、とする判例が出ていますので、法的保護を確保したい場合は対象を特定しておく必要があります。対象となる情報を特定する方法としては、次のようなものがあります。

ⓐ　内容による特定
秘密となる情報そのものを契約書に直接記載する。

ⓑ　概念による特定
内容ではなくそのカテゴリーなどを記載する。

ⓒ　媒体による特定
ファイル名などを記載する。

## 記載内容

　たとえば、新開発した調味料に関する秘密情報だった場合、ⓐの方法では「塩○グラム、しょうゆ○cc、みそ○グラム………」などの配合や製法を直接契約書に記載します。ⓑの方法では「新開発した調味料に関するデータ」などと記載します。ⓒの方法では「新開発調味料」というラベルの張られたCD-Rに保管されているデータなどと記載します。

## 秘密保持義務規定の設定

　秘密保持契約において重要なのは、「対象の秘密情報を守る」

という約束をすることです。具体的には最低でも「対象の秘密を目的外に使用しない」「対象の秘密を（アクセス権者のない）第三者に開示しない」という趣旨の秘密保持義務を規定することになります。秘密保持の精度を高めるために、これらに加えて次のような規定を置くことも考えられます。ただし、どの規定を置くかは、その情報の重要度や形状、内容などによって異なります。

・対象の秘密が記録された媒体の複製や社外持ち出し、送信などの禁止
・対象の秘密の適正な管理及び管理への協力
・退職の際における営業秘密記録媒体（複製を含む）の返還

## 規定の例外

　対象の情報についてある程度幅を持たせて規定した場合、その一部に実際にはすでに公開されている情報や、第三者が随時適正な方法で入手できるような情報が含まれていることもあります。つまり、その一部の情報に限って言うと、秘密保持契約を締結する意味がないということです。このような情報が秘密保持契約の中に含まれたままになっていると、万一情報漏えいなどが起こった場合に契約違反の認定をすることが難しくなり、契約の効果が低下することにもなりかねません。

　そこで、秘密保持契約の対象となる情報の中に次のような情報が含まれていた場合、秘密保持義務の例外とすることを規定しておくことが求められています。

・情報開示する前から新聞や雑誌・インターネットなどで公に知られていた情報
・情報開示された後にハッキングなど開示を受けた者の責任外のところで公開されてしまった情報
・第三者から「秘密にしなくてもよい」と言われて取得した情報

この他、犯罪捜査などの理由で警察や裁判所などの公的機関から開示を要求された場合などには、秘密保持義務の例外とする規定を置くことが考えられます。

## 違反した場合の条項の置き方

　秘密保持契約では通常、当事者が契約条項に違反した場合の条項が置かれています。内容としては、契約違反によって生じた損害を賠償する義務を課すことなどが一般的です。

　営業秘密を保護する不正競争防止法では、営業秘密の不正取得や不正使用などの違反行為をした者に対し、差止請求、損害賠償請求、信用回復措置などの義務を負うように規定していますから、あえて秘密保持契約に違反した場合の条項を置く必要はないようにも見えます。しかし、不正競争防止法の保護を受けられるのは、同法の要件を満たす「営業秘密」と認められた情報だけですから、これにあたらない情報について、当事者が秘密保持契約に違反した場合に備える必要があるわけです。秘密保持契約に違反した時の条項を置くことは、実際の被害が生じた際の補償という意味だけでなく、情報漏えいを未然に防ぐ抑止力としての効果も期待できます。

　なお、違反時の条項を置く際に、契約の当事者が企業と労働者という関係である場合、労働基準法上に「労働契約の不履行について違約金を求めたり、損害賠償額の予定をすることはできない」という規定がありますので、これに抵触しないよう注意する必要があります。

## 秘密保持契約の契約期間

　246ページに掲載している契約書はソフトウェアの開発を委託した場合の秘密保持契約書のサンプルです。契約の締結にあたっ

ては、秘密保持の期間を定めることになります（247ページの契約書の第9条）。委託者側としては主力商品の情報を漏らしたくないでしょうが、秘密保持契約の期間について無期限とすると受託者側の負担が過大になります。受託者が秘密保持義務を負う期間を無期限とする契約は、秘密を漏らしたくない委託者側にとっては有効に見えますが、実現不可能な場合には無効となってしまうこともあるため、無期限とすることは避けるべきでしょう。たとえば、会社の秘密情報が、性質上、数年で公知化・陳腐化するようなものである場合には、「開発案件に関する契約締結後5年間」「3年間」などと一定の期間内に限定することもひとつの方法です。3年や5年という期間では委託者側が納得できないとする場合には、委託にあたり、委託者側が受託者側に「秘密情報を開示しない」とする方向で調整し、契約する方法も考えられます。そうすれば、受託者側が委託者側から受け取る内容はすべて秘密情報ではないものとして取り扱われることになります。

　なお、秘密保持契約の対象となる秘密の範囲と義務を負う者についても、明らかにしておきましょう。開発作業を部分的にでも外部に委託をするような場合には、とくに注意してください。

### ■ 秘密保持義務を作成する上でのポイント ……………………………

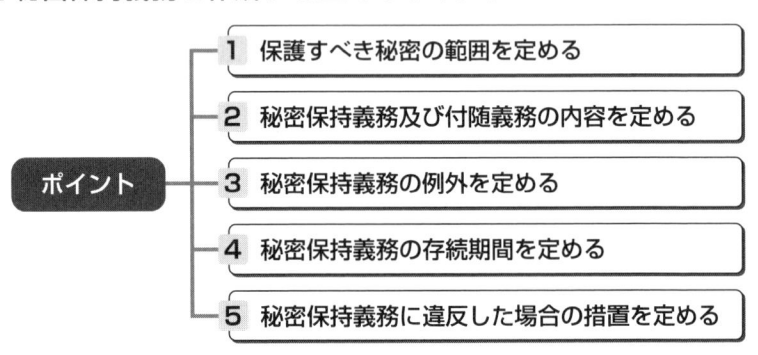

ポイント

1 保護すべき秘密の範囲を定める

2 秘密保持義務及び付随義務の内容を定める

3 秘密保持義務の例外を定める

4 秘密保持義務の存続期間を定める

5 秘密保持義務に違反した場合の措置を定める

## 書式作成上の注意点

　書式は、別途締結された業務委託契約書に付随して締結されることを想定した秘密保持契約の書式例です。また、秘密保持義務は業務を受託する側に課されることを前提としています。

　この際、必ず「何時」締結された「○○」という契約に付随するのかを明示する必要があります（第1条）。

　重要なのは、どのような情報を「秘密情報」として漏らさないとするかであり、第2条のように契約当事者の認識が一致するよう定義することです。この際の秘密情報は、不正競争防止法にいう「営業秘密」の定義とほぼ同義で「秘密管理性」「有用性」「非公知性」を前提として定義する必要があります。

　原契約において再委託が認められていても、再委託時に秘密情報が取り扱われないようにすることがよくありますが、5条2項のように事前に承認を得た上で、詳細を通知することにより例外的に認める場合もあります。

　なお、この際に受託者と同様の義務を再委託先にも課す義務を明記したり、再委託先の漏えい責任の一切を受託者が負うと記載する場合もあります。

### ■ 秘密保持条項の趣旨 ……………………………………………

| | |
|---|---|
| 趣　　　旨 | 契約を履行する上で知られた重要な情報を第三者に開示したり、漏えいすることを禁じる条項 |
| 具　体　例 | 経営ノウハウ、製造技術、知的財産情報<br>顧客名簿、個人情報 |
| 内　　　容 | 漏えいの禁止、違約金などの制裁、転職者・退職者など当事者以外の第三者まで含んだ内容 |

## 秘密保持契約書

　委託者株式会社○○（以下「甲」という）と受託者株式会社○○ソフトサービス（以下「乙」という）とは、以下の通り秘密保持契約を締結するものとする。

**第１条（目的）**　本契約は、甲乙間において締結した平成○○年○月○日付業務委託契約（以下「原契約」という）に伴い、乙が知り又は知り得た甲の秘密情報を保持することを目的として締結されるものである。

**第２条（定義）**　秘密情報とは、甲が秘密として指定した乙の管理する情報をいう。ただし、次の各号に定めるものは除くものとする。

① 乙が原契約の締結前よりすでに保有していた情報

② 乙が秘密保持義務を負うことなく第三者から適法かつ正当に入手した情報

③ 乙が独自に開発した事項に関する情報

④ 甲が公表することを承諾した情報

⑤ すでに公知となっている情報

⑥ 開示後に公知となった情報

**第３条（秘密保持義務）**　乙は、前条に規定する秘密情報を保持しなければならない。

２　乙は、秘密情報を複製又は複写してはならない。

３　乙は、原契約の履行のため、秘密情報を複製又は複写する必要がある場合には、事前に、甲の承認を得なければならない。この場合、乙は、甲に対し、複製又は複写する範囲・数量

等、甲が要求する事項を記載して書面により通知しなければならない。

**第4条（秘密情報の取扱い）** 乙は、原契約に定める利用目的に必要な範囲内で、所定の担当者によってのみ、秘密情報を取り扱うことができるものとする。

**第5条（秘密情報の取扱いの再委託）** 乙は、秘密情報の取扱いを、第三者に再委託してはならない。

2 乙は、原契約の履行のため、秘密情報の取扱いを再委託する必要がある場合は、事前に、甲の承認を得なければならない。この場合、乙は、甲に対し、再委託業務の内容、再委託先の詳細等甲が要求する事項を記載して書面により通知しなければならない。

**第6条（安全管理体制の整備）** 乙は、甲の個人情報保護コンプライアンス・プログラムに合致する秘密情報の安全管理体制を整えなければならない。

**第7条（報告及び監査）** 乙は、甲に対し、秘密情報の取扱状況につき、毎月1回以上、定期的に報告を行い、甲は、事前に通知することなく、監査を行うことができる。

**第8条（責任分担）** 乙の故意又は過失を問わず、秘密情報の漏えいなどの事故が発生した場合には、乙は、甲に対し、速やかこれを報告し、適切な措置を講じなければならない。

2 前項の事故を原因として、秘密情報の主体等から甲が損害賠償責任等の追及を受けた場合には、乙が、これを負担するものとする。

**第9条（期間）** 本契約の有効期間は、平成〇〇年〇月〇日から平成〇〇年〇月〇日までとする。

**第10条（解除）** 甲は、乙が本契約で規定する条項の一つに違反した場合には、事前の予告なく、原契約を解除することができる。

**第11条（秘密情報の返還または廃棄）**　乙は、原契約の履行が終了した場合は、甲から提供を受けた秘密情報及びその複製物並びに複写物のすべてを甲に返還し、又は、廃棄するものとする。

**第12条（合意管轄）**　本契約に関して、甲乙間に生じる一切の紛争は○○地方裁判所を第一審の専属的合意管轄裁判所とする。

　本契約の成立を証するため、本書2通を作成し、甲乙署名又は記名押印の上、各1通を保管するものとする。

平成○○年○月○日

　　　　　　　　　（甲）東京都○○区××○丁目○番○号
　　　　　　　　　　　　株式会社○○
　　　　　　　　　　　　代表取締役　　○○○○　　㊞
　　　　　　　　　（乙）東京都○○区××○丁目○番○号
　　　　　　　　　　　　株式会社○○ソフトサービス
　　　　　　　　　　　　代表取締役　　○○○○　　㊞

# 従業員との秘密保持契約の結び方

## 入社・在職・退職の３段階で締結する

　企業と従業者の間で秘密保持契約を締結する場合、適切なタイミングを選ぶことがその効果をより高めることにつながります。営業秘密管理指針では、そのタイミングが①入社時、②在職中（特定のプロジェクトへの参画時等）、③退社時の３つにあると示しています。また、会社側にとっても秘密保持契約を結ぶことには格別のメリットもあります。会社側にとっては多くの情報について、「営業秘密」として認められることで、情報漏えい等のトラブルを防止することを望んでいるからです。そして、営業秘密であると認められるためには、当該情報が秘密の情報として管理されていること（秘密管理性）が重要になります。その重要な判断基準として、従業員との間で秘密保持契約を結んでおくことで、特定の情報に関して、秘密のものとして管理していることを、客観的に示すことが可能になるということです。

## 誓約書の取り方

　従業者の入社時に秘密保持契約を結ぶにあたって、よく使用されるのが誓約書の提出という方法です。「私は業務上知り得た情報について、業務以外では使用せず、無断で持ち出しをしません」などの一文を記載した文書に従業者の署名押印をしたものを提出させ、会社で保管しておくわけです。

　秘密保持契約を締結する際には、対象となる情報を絞り込んでおくことが求められますが、入社の時点ではその人がどんな業務を行うか、どういう情報に触れるかといったことがあまり明確になっていないこともよくあります。このため、誓約書などでおお

まかに秘密保持義務があることを示すという形をとっているわけです。もちろん、このままの状態では秘密管理性は低く、実際の効果はあまり期待できませんが、「会社の一員として業務上の情報を保持する義務がある」という認識を持ってもらうためには、有効な方法だといえるでしょう。

## 就業規則に盛り込む

　企業に入社する際には労働契約を締結しますが、その中には一般に「会社の就業規則に従う」という規定が置かれています。その就業規則の中に秘密保持の条文を入れておけば、入社時に秘密保持契約を結ぶことができなくても、従業者には秘密保持義務が課せられているということになります。

　なお、秘密保持契約を締結しておらず、就業規則に秘密保持の規定がなかったとしても、従業者には信義則上の秘密保持義務があると認識されていますが、訴訟などの際には誓約書や就業規則などによって明文化されている方が、より秘密を管理する体制が整っていると判断されます。また、就業規則に「秘密保持義務違反をした労働者に対しては、懲戒処分を科すことができる」と定めておくと、秘密保持義務違反を行った労働者に対して、就業規則で定める懲戒処分（減給や解雇など）をすることもできます。むしろ、労働基準法においては、常時10人以上の労働者を使用する企業等は、就業規則の作成および行政官庁への届出が義務付けられているため、従業者が会社との取り決めに対して違反した場合には、就業規則に照らして懲戒処分を検討することになります。そして、この際注意しなければならないのは、別途秘密保持契約を締結している場合であっても、就業規則に定めた内容よりも重い義務を従業員に課すことはできないということです。就業規則よりも過重な義務が置かれている場合には、就業規則で定め

た義務の範囲にまで義務が縮小されることになります。したがっ
て、従業員との間で詳細な秘密保持契約を規定することも重要で
あることは間違いありませんが、会社側としては就業規則におい
ても秘密保持に関する条項を明確かつ詳しく規定しておかなけれ
ば、会社側が望む形での秘密管理体制を達成することが困難にな
るおそれがあるということに留意しなければなりません。

就業規則に規定される秘密保持の対象は、誓約書に記載される
ものと同様、「業務上知り得た情報」など一般的な書き方になら
ざるを得ません。これは、就業規則が全社員を対象に規定される
ものであり、個別の条件を盛り込むことができないからです。し
たがって、ある特定の情報を秘密として保持するためには、やは
り個々に秘密保持契約を締結することが求められます。

## 在職時の契約締結

入社後、配属される部署が決まれば、その従業者がどんな情報
に触れる可能性があるかということが明らかになってきます。そ
の場合、速やかに秘密保持契約を締結することが求められます。
もっとも、会社がいかに詳細な秘密保持契約を整えたとしても、
従業員が秘密管理について理解していなければ、営業秘密として
認められるための、秘密管理性の要件を満たしていないと判断さ
れるおそれがあります。そのため、秘密保持契約の締結とあわせ
て、従業員に対する定期的な教育等を怠ってはなりません。

その他、在職時の契約締結のタイミングとしては、次のような
場合が挙げられています。

① **特定のプロジェクトへの参画時**

新商品の開発や特別のイベント開催など、何らかのプロジェク
トを立ち上げて業務を行う場合、一般の業務以上に秘密にすべき
情報が多くなります。このため、従業者をそのプロジェクトに参

画させる際に秘密保持契約を締結することが必要です。

さらに、秘密の管理上必要と考えられる場合には、プロジェクト途中、終了時にも再度情報の絞り込みや対象者の再確認を行い、契約を締結し直します。

② **転勤・異動時**

従事する業務や場所が変われば接する情報も変わりますから、そのつど秘密保持契約を締結することが望ましいといえます。

③ **昇進時**

昇進すると、当然のことながら社内の重要情報に触れる機会は増加します。とくにある一定の役職を持った人しかアクセス権を持たない情報などの場合、アクセス権者となった人と秘密保持契約を締結しておけば、かなりの確率で秘密保持が期待できます。

## 退職時の契約締結

近年大きな問題となっているのが、退職者からの情報漏えいです。まず、入社時の誓約書や在職中に締結した秘密保持契約、就業規則などに退職後の秘密保持についても規定しておくという方法が考えられます。この方法では、退職の時点でその従業者がどういう情報を把握しているかということが明確になっていないため、情報の絞り込みという点で問題がありますが、従業者に「退職後も秘密保持の義務がある」という認識を持ってもらえるという効果は期待できます。

その上で、実際に退職する際に改めて秘密保持契約を締結するという流れになります。退職の時点であれば、その従業者が持っている情報の内容や範囲も明確になっていますから、より特定された秘密保持契約を締結することができます。

ただし、あまりに厳重な秘密保持義務を課して退職者の職業選択の自由や営業活動の自由を阻害しないように注意しましょう。

### 競業禁止及び守秘義務に関する誓約書

　私は、今般、貴社を退職するにあたり、以下のことを誓約致します。

記

1　退職後、在職中に知得した貴社の有形無形の技術上、営業上その他一切の有用な情報及び貴社の顧客に関する情報（以下「本件情報」といいます）を、公知になったものを除き、第三者に開示、漏えいしないとともに、自己のため又は貴社と競業する事業者その他第三者のために使用しないこと。

2　退職後、貴社の顧客に関する個人情報（顧客から預かった個人情報を含む）を、不正に使用し、又は第三者に漏えいしないこと。

3　貴社の承認を得た場合を除き、離職後１年間は日本国内において貴社と競業する業務を行わないこと。また、貴社在職中に知り得た顧客、取引関係のある企業及び個人と離職後１年間は取引をしないこと。

4　本件情報が具体化された文書、電磁的記録物その他の資料及び本件情報に関連して入手した書類、サンプル等すべての資料を退職時までに貴社に返還すること。

5　貴社在職中に、前項の資料を貴社の許可なく社外に搬出していないこと及び第三者に交付等していないこと。

6　貴社在職中に、業務に関連して第三者に対し守秘義務を負って第三者の情報を知得した場合、当該守秘義務を退職後も遵守すること。

7　退職後、直接であると間接であるとを問わず、貴社の従業員（派遣社員やパートも含む）を勧誘しないこと。

8　この誓約書に違反して貴社に損害を及ぼした場合には、貴社の被った損害一切を賠償すること。

以上

# 索　引

## 【監修者紹介】
### 千葉　博（ちば　ひろし）

1990年、東京大学法学部卒業。1991年司法試験に合格。1994年、弁護士として登録後、高江・阿部法律事務所に入所。2008年4月、千葉総合法律事務所を開設。現在、民事・商事・保険・労働・企業法務を専門に同事務所で活躍中。

主な著書に、『入門の法律　図解でわかる刑事訴訟法』（日本実業出版社）、『労働法に抵触しないための人員整理・労働条件の変更と労働承継』『使用者責任・運行供用者責任を回避するためのポイント解説　従業員の自動車事故と企業対応』（いずれも清文社）、『会社と仕事の法律がわかる事典』『労使トラブルの実践的解決法ケース別83』『裁判・訴訟のしくみがわかる事典』『労働審判のしくみと申立書の書き方ケース別23』『すぐに役立つ　株主総会と株式事務しくみと手続き』『図解　会社法のしくみと手続きがわかる事典』『図解で早わかり　民事訴訟法・民事執行法・民事保全法』『図解とQ&Aでわかる　最新交通事故の法律とトラブル解決マニュアル128』『最新　不動産売買をめぐる法律と実践書式53』『会社役員をめぐる法律とトラブル解決法158』『図解とQ&Aでわかる　賃貸トラブル解決マニュアル』（いずれも小社刊）などがある。

すぐに役立つ
図解とQ&Aでわかる
最新　個人情報保護法と秘密保持契約をめぐる
法律問題とセキュリティ対策

2017年11月10日　第1刷発行

| | |
|---|---|
| 監修者 | 千葉博 |
| 発行者 | 前田俊秀 |
| 発行所 | 株式会社三修社 |
| | 〒150-0001　東京都渋谷区神宮前2-2-22 |
| | TEL　03-3405-4511　FAX　03-3405-4522 |
| | 振替　00190-9-72758 |
| | http://www.sanshusha.co.jp |
| | 編集担当　北村英治 |
| 印刷所 | 萩原印刷株式会社 |
| 製本所 | 牧製本印刷株式会社 |

©2017 H. Chiba Printed in Japan
ISBN978-4-384-04767-7 C2032